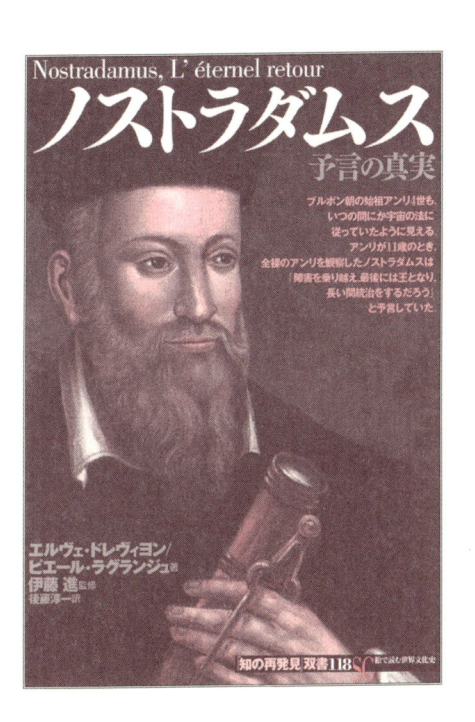

Nostradamus, L' éternel retour
ノストラダムス
予言の真実

ブルボン朝の始祖アンリ4世も、
いつの間にか宇宙の法に
従っていたように見える。
アンリが11歳のとき、
全裸のアンリを観察したノストラダムスは
「障害を乗り越え、最後には王となり、
長い間統治をするだろう」
と予言していた。

エルヴェ・ドレヴィヨン/
ピエール・ラグランジュ著
伊藤 進監修
後藤淳一訳

知の再発見 双書118

Nostradamus, L'éternel retour
by Hervé Drévillon et Pierre Lagrange
Copyright © Gallimard 2003
Japanese translation rights
arranged with Edition Gallimard
through Motovun Co.Ltd.

> 本書の日本語翻訳権は
> 株式会社創元社が保持
> する。本書の全部ない
> し一部分をいかなる形
> においても複製、転載
> することを禁止する。

日本語版監修者序文

伊藤 進

　数年前までノストラダムスの名前がわが国のマスコミを賑わせたのも，21世紀にはいった今日となっては，まるで遙か昔の夢のなかの出来事のように思われる。有名な「1999年七つの月」というノストラダムスの詩句を根拠にしていわゆる「ノストラダムス現象」が生じ，カルト宗教だけではなく一部マスコミも，あるいは無責任な商業ベースに便乗した予言本・ノストラダムス解説書（世に言う「トンデモ予言本」の類）も，世界の終末をいたずらに煽りたてたのは記憶に新しいところである。それなのに21世紀を無事迎えたとたんにかつての狂騒ぶりはどこへやら，ノストラダムスのことなどすっかり忘れられてしまったかのようだ。

　もっとも，こうした事情は本国フランスでもあまり変わらないであろう。ただわが国と大きく異なるのはたんなるブームに終わらず，21世紀にはいってもノストラダムスに関する研究が一部の篤実な学者によって相変わらず続けられているという点である。本書もその一環をなすものと考えなければならない。

　あれほど多くの日本人をも翻弄し，さまざまな悲喜劇を引き起こしたノストラダム

スの『予言集』とはいったい何だったのか。それを知る手がかりを得るためには本書を読んでいただくしかないけれども、私たちは少なくともつぎの諸件を視野に収めながらノストラダムスを考えていく必要があるように思われる。

　まず、ノストラダムスを彼が生きたフランス16世紀という歴史的文脈に置き直すことである。16世紀のフランスといえば、ルネサンスとも称されることから想像できるように、人文主義（ユマニスム）の発展に集約される明の部分と、宗教改革による信仰上の危機、それに伴う宗教戦争という暗部を併せもった時代であった。ルネサンスの明暗を経験したノストラダムスはけっして胡散臭い似非予言者ではない。医学の分野では当時名声を博していたモンペリエ大学医学部において、医学はいうまでもなく、天文学、博物学、文献学などを修得したノストラダムスはすぐれた医師として活躍したし——たとえば1540年代に南仏で猛威をふるったペストの治療にあたっている——、さまざまな化粧品やジャムの製法と使用法の実践的な紹介者でもあったのである。そして同時に、繰り返される権力闘争と内乱、外国からの干渉、頻発する疫病の流行

と飢饉，自然災害などの，時代の狂気と暴力と悲惨を目撃した人でもあった。それらはまさに前世紀から囁かれていた世界の終末の徴と受けとめられたとしても不思議ではない。この恐怖が極度に高まった時代にあって，予言者は混乱する自国フランスがとるべき方策を，ひいては人間は不安と恐怖の時代においていかに処すべきかを，宇宙との感応を通じて，あるいはヨーロッパ世界に生起する事件や歴史に意味を読み取りながら模索，開示しようとする。『予言集』を一種の警世の書として読むことが可能であろう。

したがって，上に述べたことと重複するが，ノストラダムスは人文主義の洗礼を受けた学者であるのだから，『予言集』を「当たるも八卦，当たらぬも八卦」式のたんなる未来の予測の羅列と見るのでは正当に評価したとはいえない。当時はれっきとした学問に位置づけられていた占星術，宇宙論，医学，神秘思想など，多様なヨーロッパ思想史の反映をそこに認めなければならない。さらに，ノストラダムスが予言を散文ならぬ四行詩の形式でものしていることにも注目したい。わずか四行の詩句に予言を

閉じこめるのであるから，四行詩が極度に密な象徴性を帯びるのは必然である。16世紀フランスで教訓的な格言を表現するのに四行詩が好んで使われたとはいえ，ノストラダムスが予言の器に四行詩を選んだことには彼なりのすぐれて戦略的な意図が秘められていると思われる。こうして詩人としてのノストラダムスの局面も考慮に入れざるをえず，文学史からの検討も要求されることになる。

　ブームとしてノストラダムスを読む時代は終わった。これからこそじっくりこの予言者＝詩人と向き合わなければならない。とりあえず本国フランスでブームが過ぎ去ったあとのノストラダムス解釈がどれほどのレベルに達しているかは，本書が明快な見取り図を提示しているといえよう。著者のひとり，パリ第一大学で教鞭をとるエルヴェ・ドレヴィヨンは，17世紀フランスにおける占星術に関する研究で学位を取得した歴史学者である。その意味からも，信憑性の高いノストラダムス文献が乏しいわが国において，本書が信頼のできるこのうえないノストラダムス入門書になることは疑いない。

RIE IX.   135
 XX.
endra par la forest de Reines
utorte Herne la pierre blanche,
ir en gris dedans Varennes
pête feu, sang tranche.
 XXI.
haut de Blois sacre Salonne,
Loyre, prelat, Roi pernicant
aux maresets de la lone
e blancs à bormeant.
 XXII.
r au lieu de langue halbe,
vis à vis du palais,
uc Mantou & d'Albe,
poignard langue & palais.
 XXIII.
t au fresch dessous la tonne,
milieu sur la tête,
int Solonne,

四行詩とノストラダムスの肖像（P.5-P.11）

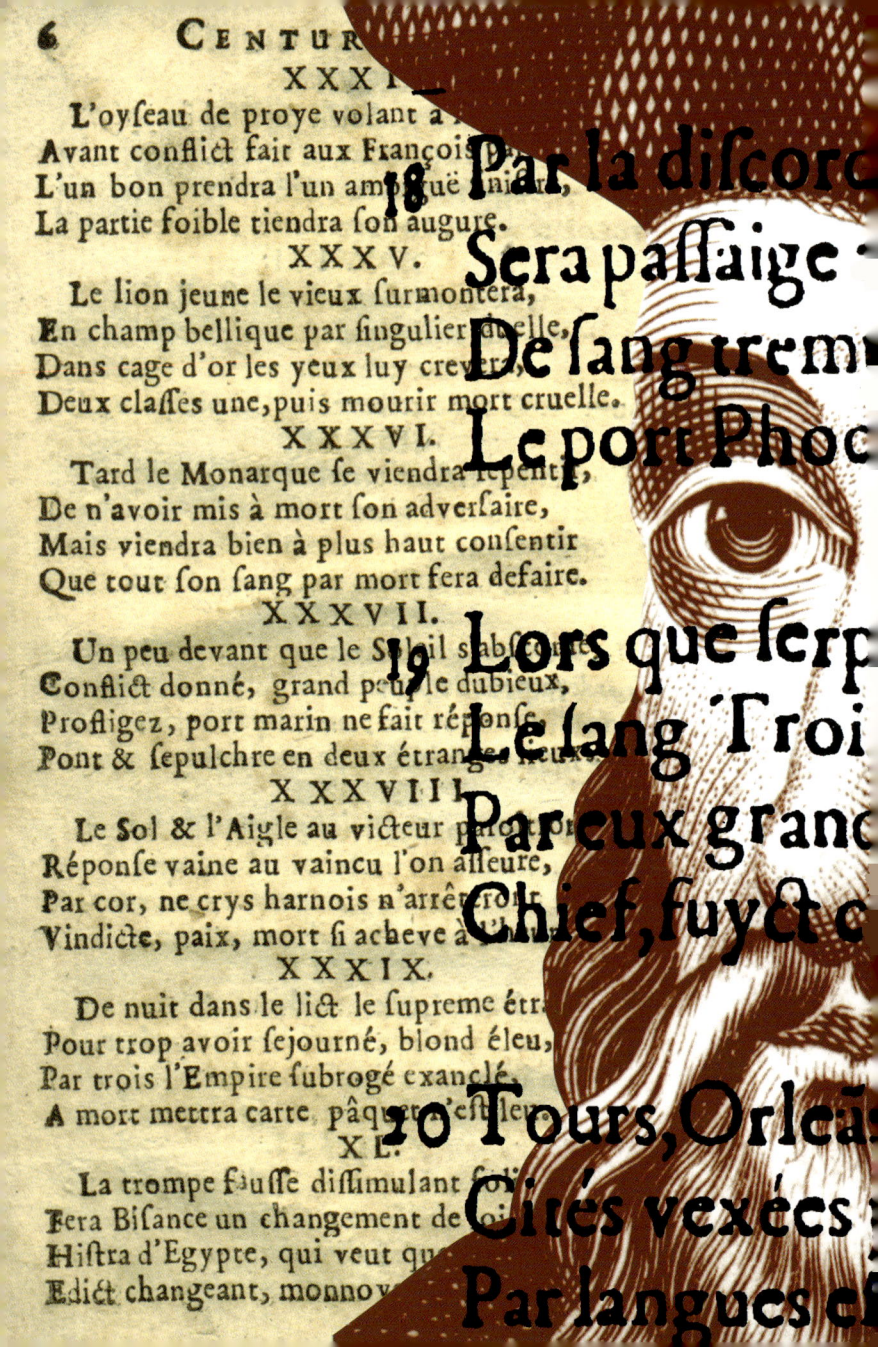

XXXI

L'oyseau de proye volant à
Avant conflict fait aux François
L'un bon prendra l'un ambiguë
La partie foible tiendra son augure.

XXXV.

Le lion jeune le vieux surmontera,
En champ bellique par singulier duelle,
Dans cage d'or les yeux luy crevera,
Deux classes une, puis mourir mort cruelle.

XXXVI.

Tard le Monarque se viendra repentir,
De n'avoir mis à mort son adversaire,
Mais viendra bien à plus haut consentir
Que tout son sang par mort fera defaire.

XXXVII.

Un peu devant que le Soleil s'absconse,
Conflict donné, grand peuple dubieux,
Profligez, port marin ne fait réponse,
Pont & sepulchre en deux étranges lieux.

XXXVIII.

Le Sol & l'Aigle au victeur paroistront,
Réponse vaine au vaincu l'on asseure,
Par cor, ne crys harnois n'arrêteront,
Vindicte, paix, mort si acheve à

XXXIX.

De nuit dans le lict le supreme étra
Pour trop avoir sejourné, blond éleu,
Par trois l'Empire subrogé exanclé,
A mort mettra carte, pâquet n'est leu.

XL.

La trompe fausse dissimulant fol
Fera Bisance un changement de loi
Histra d'Egypte, qui veut qu
Edict changeant, monnoy

negligence Gauloyse
Mahommet ouuert:
la terre & mer Senoyse
de voiles & nefs couuert.

s viendront circuir l'arc,
vexé par les Hespaignes
ombre en sera faicte rare,
he aux mares dãs les faignes.

Bloys, Angiers, Reīs, & nãtes
r subit changement:
ages feront tendues tentes

75 Le tyran Siene occuper:
Le fort gaigné tiendra c
Les deux armées par la
Par effraieur le chef s'en

76 D'vn nom farouche tel
Que les troys seurs aur
Puis grand peuple par la
Plus que nul autre aura

77 Entre deux mers dresse
Que puis mourra par le
Le sien Neptune pliera
Par Calpre & classe aup

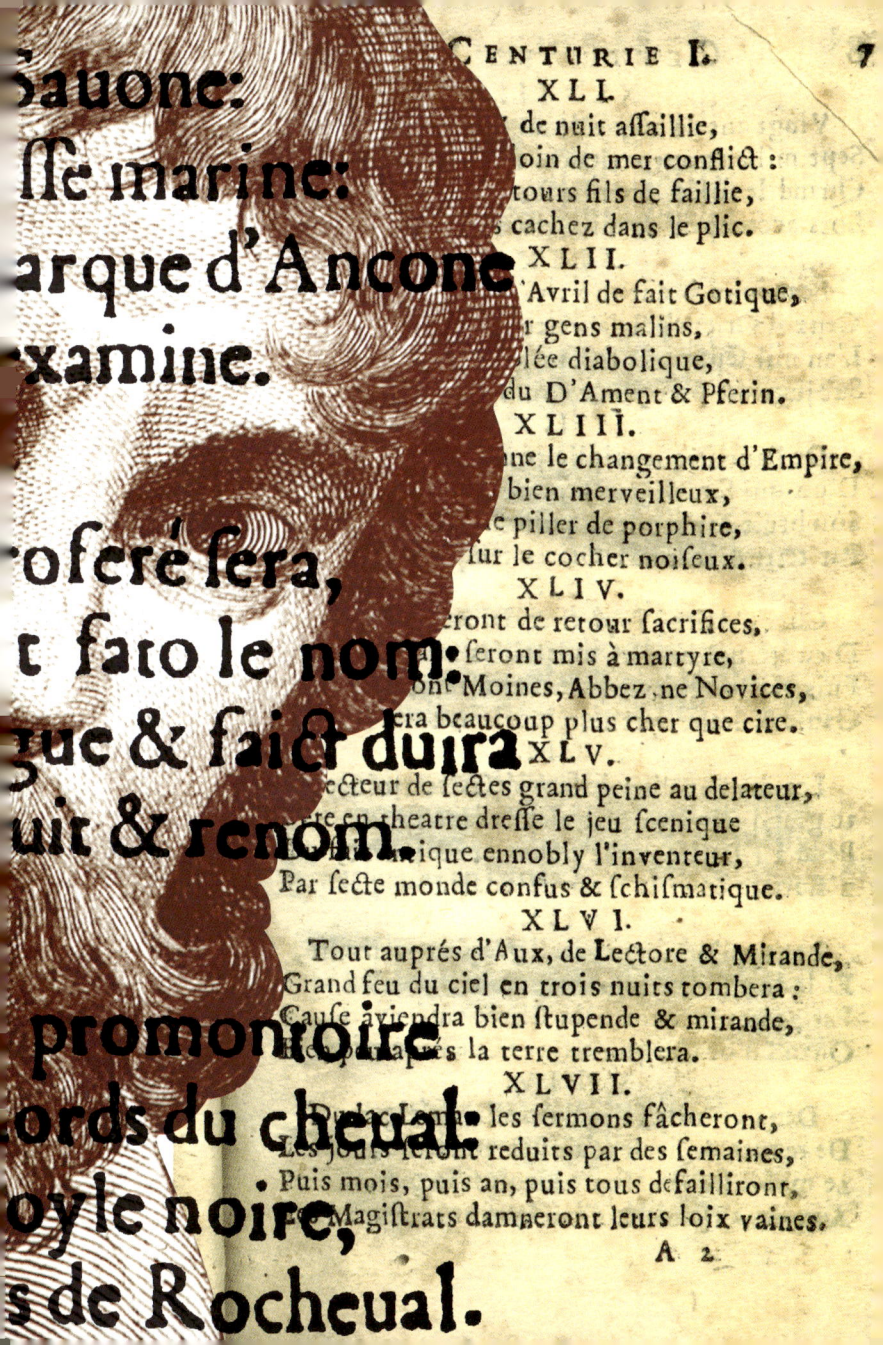

CENTURIE I.

XLI.
... de nuit assaillie,
... oin de mer conflict :
... tours fils de faillie,
... cachez dans le plic.

XLII.
... Avril de fait Gotique,
... r gens malins,
... lée diabolique,
... du D'Ament & Pferin.

XLIII.
... ne le changement d'Empire,
... bien merveilleux,
... piller de porphire,
... ur le cocher noiseux.

XLIV.
... ront de retour sacrifices,
... seront mis à martyre,
... Moines, Abbez, ne Novices,
... ra beaucoup plus cher que cire.

XLV.
... ecteur de sectes grand peine au delateur,
... te en theatre dresse le jeu scenique
... ique ennobly l'inventeur,
Par secte monde confus & schismatique.

XLVI.
Tout auprés d'Aux, de Lectore & Mirande,
Grand feu du ciel en trois nuits tombera :
Cause aviendra bien stupende & mirande,
Hors... la terre tremblera.

XLVII.
... les sermons fâcheront,
... reduits par des semaines,
Puis mois, puis an, puis tous defailliront,
... Magistrats damneront leurs loix vaines.

(fragments from facing page visible through overlay:)

... auone:
... sse marine:
... arque d'Ancone
... xamine.

... oferé sera,
... t fato le nom:
... que & faict duira
... uit & renom.

... promontoire
... ords du cheual:
... oyle noire,
... s de Rocheual.

CENTUR

XCV
Romain Pontife gardes
De la cité que deux fleuves
Ton sang viendra auprés de
Toy & les tiens quan

XCVI
Celuy de sang resperse le visage,
De la victime proche sacrifi
Tonant en Leo, augure par présage,
Mis être à mort lors pour

XCIX
Terroir Romain qu'interpretoit
Par gent Gauloise par trop sera vexée,
Mais nation Celtique craindra l'heure,
Boreas, classe trop lo

C.
Dedans les Isles si horribl
Bien on n'orra qu'une bellique brigue,
Tant grand sera des predateur
Qu'on se viendra ranger à la grand

ain qu'interpretoit augure,
oyse sera par trop vexée:
eltique craindra l'heure,
trop loing l'auoir poussee.

es si horrible tumulte,
a qu'vne bellique brigue,
ra des predateurs l'insulte,
dra ranger à la grand ligue.

CONTENTS

第1章 祖国フランスの予言者 ……………………… 15

第2章 幻視者か,いかさま治療師か？ ……………… 45

第3章 『詩百篇集』とその利用法 …………………… 63

第4章 世界の予言者ノストラダムス ………………… 83

資料篇 ――医師にして詩人――
1. 人文主義者ノストラダムス ……………………… 102
2. 知識と実践 ………………………………………… 108
3. 『化粧品とジャム論』 …………………………… 122
4. 予言をむしばむ解釈という危険 ………………… 125
5. 日付のある予言 …………………………………… 140

INDEX ………………………………………………… 144
出典(図版) …………………………………………… 146
参考文献 ……………………………………………… 149

ノストラダムス

エルヴェ・ドレヴィヨン❖ピエール・ラグランジュ著
伊藤 進❖監修

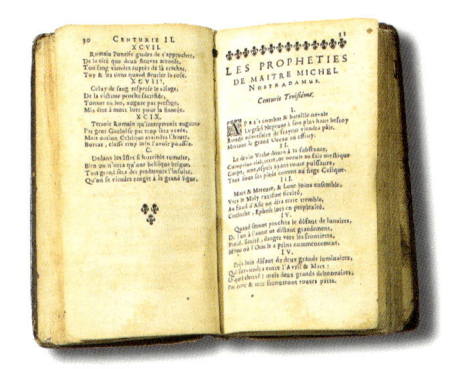

「知の再発見」双書118
創元社

014

❖ノストラダムスの著書は生前から人気を博し、彼の存在は当時からすでに伝説と化していた。大きな不安が支配していた時代に、詩的で幻想的な文体で『予言集』を書いたことにより、16世紀に登場したこの平凡な医師にして占星術師は、途方もない人生を歩むことになった。

第 1 章

祖国フランスの予言者

⇦ノストラダムスの肖像画——息子セザールが作成した肖像画には、天体望遠鏡を握る父の姿が描かれている。しかし、天体望遠鏡はガリレイによって17世紀初頭に開発されたものであり、これは明らかに時代考証の誤りである。セザールは父親に幻視者としての姿ではなく、学者としての姿を与えることで、新たな正当性を付与しようとした。このようにして伝説が形作られていった。

⇨『ミシェル・ド・ノストラダムス氏の予言集』(『詩百篇集』第8、9、10巻、1568年)。

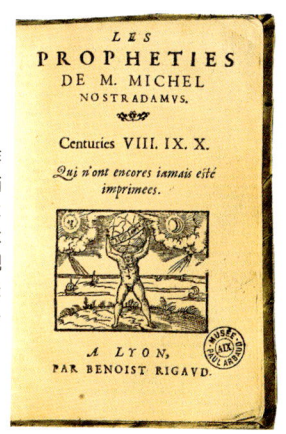

「私,プロヴァンス出身のミシェル・ド・ノートルダムは……」

15世紀半ば,アヴィニョンのユダヤ商人であったノストラダムスの祖父ギー・ガソネは,キリスト教に改宗し,ピエール・ド・ノートルダムと名乗るようになった。ピエールの息子で,商人から公証人となったジョーム・ド・ノートルダムは,15世紀末にサン゠レミ゠ド゠プロヴァンスに移り住み,フランス国王の支配下に入り,1540年にはフランソワ1世から帰化を認められた。ジョームは妻レニエール・ド・サン゠レミとの間に,9人の子供を授かる。その長男で,1503年に誕生したのが,ミシェル・ド・ノートルダム〔ミシェル・ノストラダムス〕である。

ノストラダムスの著作を注釈する多くの者が,彼がユダヤの家系に生まれたことを重視し,『予言集』へのカバラ〔ヘブライ神秘説〕の影響を推測する。しかし,ルネサンスの時代には,カバラはすでにキリスト教世界にも受け入れられていたので,カバラの遺産を受け継ぐためにはことさらユダヤ人である必要はなかった。ラブレーは自作の登場人物ガルガンチュアからパンタグリュエルへの手紙のなかで,人文主義は複数の言語を習得することで成り立つと述べている。「君には複数の言語を完璧に学んでもらいたい。まずはクィンティリアヌスが言うようにギリシア語,次にラテン語。そ

↓「神の字」(ネッテスハイムのアグリッパ著『神秘哲学について』より抜粋)——神秘哲学は世界を(言葉や物といった)記号の集まりと捉え,それらが類似関係によって互いに結びついていると考えていた。このような思想が,ルネサンスの文化を形作っていたのである。アグリッパは『神秘哲学について』のなかで,土占い(土や石で作られた図形を解釈することによって行う占い)や手相占いで用いられる文字をヒントにして,星やその特性をより大きな類似関係によって表現できる記号を作り上げた。

Literæ siue characteres Saturni.

Literæ siue characteres Solis.

Literæ siue characteres Mercurii.

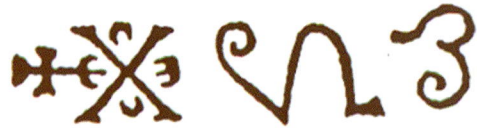

016

れから、聖書を読むためにヘブライ語。カルデア語やアラビア語も必要だ」。このようにヘブライ語は聖書解読のために重要な言語とみなされ、カバラは聖書に隠されている意味を探求することで、世界の秘密を明らかにするものと考えられていた。ピコ・デラ・ミランドラによると、15世紀末には「魔術とカバラ以上にキリストの神性を証明してくれる学問はなかった」。

ノストラダムスがどこで、どのような哲学的・文献学的な教育を受けたのかはわからないが、ルネサンス期に普及したカバラなどの口伝が融合して、彼の著作が形成されたことは確かだ。実際、『予言集』は、カバラから強い影響を受けたネッテスハイムのアグリッパやロイヒリンの著作の延長線上に位置している。ノストラダムスが受けた教育に関して唯一確かなことは、1529年10月23日にモンペリエ大学の医学部に登録したことだけである。

⇦ノストラダムス自筆の入学証（部分）──「私こと、プロヴァンスのサン＝レミ町、アヴィニョン司教区出身のミシュレ・ド・ノートルダムは、勉学のためにモン・ペリエ大学にやって参りました。定められている、してこれから定められる大学の法令、規則、特権を遵守することを誓います。1529年10月23日に登録料を支払いました。指導教授にはアントワーヌ・ロミエを選びます」。

ノストラダムスの名は、自筆の入学証にあるように、1529年にモンペリエ大学医学部の登録簿に記載された。1530年9月17日には、フランソワ・ラブレーの名前が、同じ医学部の登録簿に記載されている。しかし、年代が一致しているという以外は、この2人に交流があったことを証明する資料は残されていない。

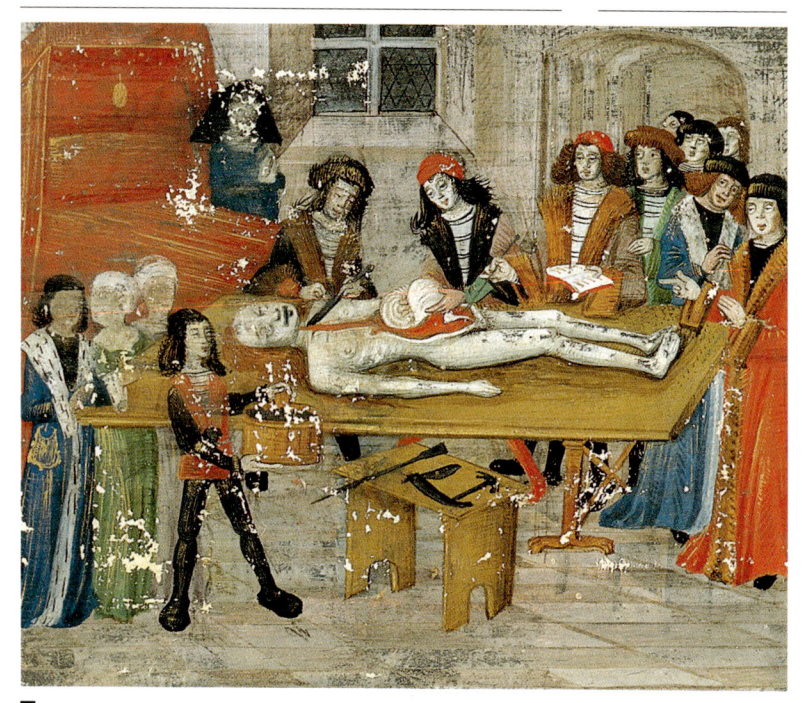

医師,そして……美食家

　モンペリエ大学医学部は,12世紀に創立されて以来,ヒポクラテスやガレノスに代表される古代ギリシアの医学だけをあつかうのではなく,それらの強い影響力をゆるめてくれるような知識も進んで受け入れてきた。たとえば,アヴィケンナなどのアラブの文献も,スペインを追放されたユダヤ人による翻訳のおかげで,テキストとして使用されていた。モンペリエでは,パリの大学よりも柔軟な教育が行われ,14世紀以降は解剖も実践されたのである。

　医学部での教育に忠実であったノストラダムスは,医学を書物による勉強と臨床を組み合わせた技術であると考えていた。彼は「ギリシア人やローマ人,さらには異邦人が著した文献にすべて目を通した」。しかし,その一方で,文献に書か

⇧モンペリエ大学医学部の解剖の授業──「とても幸運なことに,彼はモンペリエ大学で哲学と医学理論の勉強に励むことができた。その地方で疫病が発生し,それがナルボンヌ,トゥールーズ,ボルドーへ広まると,彼は大学を離れた。……これらの地方で医療活動に従事した4年ほどの滞在を終えると,モンペリエに戻り,勉強し直して,学位審査を受けるのには,よい時期だと彼は考えた」。
ノストラダムスの秘書ジャン゠エメ・ド・シャヴィニー

第1章　祖国フランスの予言者

れている知識だけでは満足しなかった。こうしてノストラダムスは、まずは巡回医師としての人生をスタートさせ、各地を回って患者を治療した。その旅のなかで、さまざまな人々と出会い、1533年にはアジャンで、医師であり文献学者でもあったユリウス・カエサル・スカリゲルと親交を結んだ。1547年になって、ようやくサロン゠ド゠プロヴァンスに腰を落ち着けたものの、1548年には再びイタリアへ旅行に出かけている。

　旅を重ねることで、ノストラダムスは医師としての経験をつちかった。もともとヨーロッパの学者には、各地を旅しながら、定職や庇護者を探し求める伝統があった。一部の領主や町にとって、名高い賢者を自分の領地に招くことは自慢の種になったからだ。また、疫病が発生した地域に、医師が集まってくることも稀ではなかった。ノストラダムスも、1546年にペストが猛威を振るっていたエクス゠アン゠プロヴァンスに招かれた。彼はそこで自分が開発した薬を試している。それはおが屑、フィレンツェ産のアイリス、クローブ、香りのよいアシ、アロエをすべて粉にして、すり潰した赤いバラと混ぜた薬だった。ノストラダムスによれば、「この成分よりもペストの予防に効く薬はない。この薬を服用したすべての者がペストにかからなかった」。

　医師としての経験と実績はさほど深刻ではない題材にまでおよんでいた。こうしてノストラダムスは健康に有益なノウハウを伝えるために、1555年に『化粧品とジャム論』を出版した。その第1部では美容法や芳香剤の製造法が論じられ、第2部ではさまざまな調理法、とくに砂糖漬けの加工法が紹介されている。このどちらもが、時とともに変質しやすいものを維持するということがテーマであった。美顔料は加齢に

⇩ノストラダムス著『化粧品とジャム論』──砂糖漬けなどの調理法について論じた小冊子のなかにも、ノストラダムスの医師としての関心がうかがえる。たとえば、レタスの砂糖漬けに関しては、次のように書かれている。「3日間も熱がつづいたり、なかなか熱がひかない激しい発熱の場合には、砂糖漬けが熱を帯びた体の部分を冷やしてくれる」。しかし、このような意見は、砂糖によって体液に熱がもたらされる危険性があると考えていた他の多くの医師たちにとって、受け入れがたいものであった（122頁参照）。

よって衰える肌の状態を改善し，砂糖漬けは果物をより長く保存できるようにする。こうした技法の紹介は，医師の仕事としては瑣末なものに見えるかもしれない。だが，16世紀の医師や薬剤師に求められていた重要な課題から，それほどかけ離れた仕事ではない。たとえば，若さを保つ秘薬の発明は，錬金術師がもっとも熱心に研究していた課題のひとつであった。

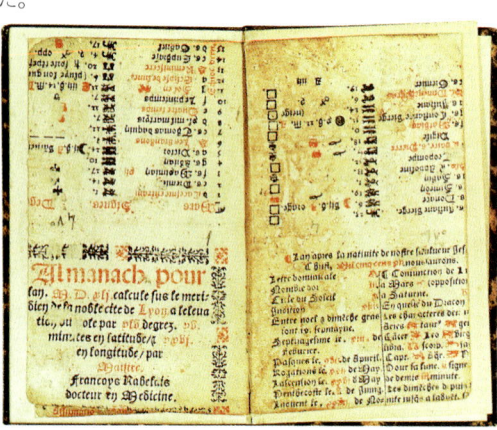

↓黄道十二宮と人体（1480年頃）——人体はミクロコスモスであり，その各部分が黄道十二宮の星座宮と結びついている。頭部は牡羊座，膝は山羊座に対応する。

ミクロコスモスからマクロコスモスへ

　ノストラダムスがどのような医療を実践していたかは別として，16世紀の医学は世界を記号の集まりととらえる思想と多くの共通点を持っていた。ルネサンス期の人々のイメージでは，宇宙は巨大な意味のネットワークから構成されていて，そのなかではあらゆるものが類比(アナロジー)関係によって繋がっていた。つまり，宇宙のなかに存在するすべてのものが互いに関連し合っているのである。人体も動物，植物，鉱物，天体と類比的関連によって連鎖しており，この連鎖を通じて宇宙(コスモス)と繋がっている。ルネサンス期にベストセラーになった書物の表現を借りれば，「人間とは小さな世界(ミクロコスモス)」なのである。そのため，人体の専門家である医師は，天体のメッセージを解読することにも長けているとみなされていた。彼らは，病

気に冒された体と、薬の成分と、天体の配置との関係を考慮に入れて、天空が薬にもっとも効能を与える位置関係になったときに調合を行った。このような理由のために、天体暦は医師の仕事にとって不可欠な道具となったのである。そもそも暦は16世紀の人々にとって、おそらくもっとも馴染み深い印刷物であった。それは日々の天体の位置を示すカレンダーであり、天気予報や医療のための占星術的な予測も記載されていた。数多くの用途に使用され、医術を施す時期を決めるのにも用いられた。ノストラダムスと同時代人で医師でもあった作家ラブレーも複数の暦を作成し、そ

PRESAGES
TIREZ DE CEVX FAICTS
par M. Noſtradamus, és
années 1555. & ſuiuantes
juſques en 1567.

のなかで薬の処方にとって好ましい天体の配置がいつであるのかを記している。

同時代の人々にとってノストラダムスは、世界の終焉や破局を告げる単なる不気味な予言者であったわけではない。彼は暦を計算し、天空の様相を読み取ることのできる人物であった。コタンタン半島の田舎貴族グーベルヴィル殿は、1558年10月29日の日記に次のように書いている。「私はラ・オート゠ヴァントで小麦の種を蒔かせた。ノストラダ

1559年、各地を歩き回っていたノストラダムスは、その途中でベジェに立ち寄り、痛風に悩まされていたロレンツォ・ストロッツィ司教を診察した。このとき、彼は次のような処方箋を書いている。
「あなたの病気の状態を計算し、それを3通りの道筋と一致させます。つまり、内科、外科、判断的占星術を一致させたもので、……以下のことが必要です。まず、日曜日の午後1時に、いつものように食事をすませます。焼灼器を押し当てるように、私が指定した所に熱したボタンを押し当てます。卵、バラ油、新しいブール（厚手の毛織物）を使って消化薬を作ります。やけど状のかさぶたができたら、半ば銅からできた穴のあいた銀製の珠数玉をそこに置きます」。

⇦ノストラダムスの「予兆」（1568年版、リヨン）

⇦（20頁）フランソワ・ラブレー著『高貴な都市リヨンの子午線に基づいて計算された1541年の暦』より──ラブレーが1541年3月のために計算した暦には、毎日の天体の位置が示されている。当初、このような紙片は四つ折にして用いられていた。

ムスの暦に，その日は（農作業するのに）吉だと書かれていたので」。

天体の言葉

暦は主に実用的なものであったが，一般的な事柄に関する予言も書き加えられた。たとえば，ラブレーは自分で作成した暦に則して，1544年の春について次のような「占筮」(プロノスティカシオン)を書いている。「なかなか治らない，ときには死に至るような病気が猖獗(しょうけつ)するだろう。いくつもの場所を壊滅させるような戦闘行為に乗り出さないかぎり，収益はわずかであろう」。ノストラダムスも，「予兆」(プレザージュ)と名づけられた10音節の四行詩の形で，毎年月ごとに予言を書き記した。

暦の形式と内容には，ルネサンス文化における占星術の地位がよく表れている。この時代，天体が人間の運命に大きな影響を及ぼすことは，だれもが疑っていなかった。アリストテレス哲学を学んだ人々は，天体の影響力を物理学的なプロセスとみなし，物理的な力が人体に作用し，体液を媒介として精神に影響を与えると考えた。一方，プラトン哲学を学んだ人々は，天体を神の言葉を構成する記号とみなした。こうして，天体を記号や人体への作用の原因ととらえる研究に，占星術師は没頭した。ちなみに，この時代には，占星術師と天文学者の区別はなかった。

このような占星術の世界観は，他の多くの学問にも影響を与えた。なぜなら，天体の運行は宇宙全体の現象に作用している，と考えられていたからだ。科学と魔術，形而上学と物理学の境界線がなかった時代には，天体とその影響力に関する知識は，

⇦オロンス・フィーヌ作の惑星時計——惑星時計は，天体の位相を示すのに便利であった。この種の機械は，ルネサンス期の技術がどのようなものであったのかを理解させてくれる。1520年に作られたオロンス・フィーヌの惑星時計を見ると，当時は天文学と占星術の区別がなかったことがわかる。合（コンジャンクション）に関する知識が，天体の地上への影響を評価するという観点でしか生かされていないことからもそれはわかる。

もっとも高度な知の形態のひとつだと考えられていた。占星術が学問としての信頼を失い、迷信とみなされるようになるのは、17世紀に入ってからのことである。それゆえ、後世の人々にとって予言者としての印象が強いノストラダムスも、当時としては何よりも医師にして占星術師だったのであり、この時代に数多く出現した典型的な賢者の1人だったのである。

「わかりにくく困惑させる文章」

暦に書かれた「予兆」は、ノストラダムスが『予言集』を執筆するための母体となった。1555年、ノストラダムスはリ

⇧星座に囲まれた黄道十二宮──ルネサンス期の占星術では、実用的な側面と象徴を使った知識とが結びついていた。象徴として用いられたのは、主に神話の題材である。神話の世界から借用された惑星や星座の名前は、単なる恣意的な取り決めではなく、その天体の特徴を表すものとなっている。たとえば、火星（マルス＝軍神）は戦争や怒りっぽい気質と関連づけられ、土星（サトゥルヌス＝農耕神）は憂鬱な気分と結びつけられている。

ヨンの印刷業者マセ・ボノムの力を借りて、3797年までの予言が書かれた『詩百篇集』を初めて出版した。この版には「詩百篇」第1巻から3巻までと、4巻の初めの53編の四行詩が含まれている。（各「詩百篇」には百編の四行詩が含まれ、『詩百篇集』全10巻の全体が『予言集』と呼ばれている）。1557年から1558年にかけて、徐々に新しい版が出版され、『詩百篇集』の数も10巻に至り、これ以降『予言集』をめぐって途方もなく複雑な出版が繰り返されるようになる。1989年に作成された調査目録によると、ノストラダムス自身と出版業者によって、1555年以降170種類の『予言集』のエディションが出版されている。

『予言集』の初期の版は、常に注釈者たちに注目され、多くの論争を引き起こしてきた。たしかに、『予言集』がどのように作成されたのかは、とても重要な問題である。なぜなら1文字ちがうだけで、ひとつの単語の意味がまったく変わってしまう可能性があるからだ。たとえば、第3巻58番の四行詩の書き出しは、1555年の初版では「ライン川の近く、ノリク（Noriques）の山々から」となっている。これに対して、一部の版（1668年にアムステルダムで出版された版など）では、「モリク（Moriques）」と書かれているため、まるでちがう解釈が可能になってくる。16世紀の出版物では、この種の誤りは決して珍しいものではない。しかし、ノストラダムスの著作の場合、それがあまりにもはなはだしい。おそらく使われなくなった表現や新造語が多用されたため、印刷工が混乱したのであろう。そもそも初版にさえ誤りがないとはいえない。ノストラダムスの手書

↓「詩百篇」第1巻1番と2番の四行詩(1555年)——「詩百篇」第1巻の1番と2番の四行詩は、ノストラダムスにどのようにして予言がもたらされたのかを説明する一種の序文となっている。このふたつの詩のなかで、作者は予言の能力を与えられた人間として描かれている。「夜中に1人で書斎に入り／青銅の椅子に座って安らげば／孤独から細い炎が立ちのぼり／信じるに値する事柄を語らせる」(第1巻1番)「ブランシュの中央で小枝を手に持ち／予言者は清めの水で服の縁と足を濡らす／袖を通して湯気と震える声が伝わる／神の輝き(が現れる)。神が降りてきて傍らに座る」(第1巻2番)（ピエール・ブランダムールによる釈義）

STANT assis de nuit secret estude,
Seul repousé sus la selle d'æ rain,
Flambe exigue sortant de solitude,
Fait proferer qui n'est à croire vain.

La verge en main mise au milieu de BRANCHES
De l'onde il moulle & le limbe & le pied.
Vn peur & voix fremissent par les manches,
Splendeur diuine. Le diuin prés s'assied.

(⇒p.25)『ミシェル・ノストラダムス師の予言集』(1697年、リヨン)

024

⇐ 『ミシェル・ノストラダムス氏の予言集』の扉（1555年、リヨン、初版）——1555年に出版された『予言集』の初版本は、2冊が現存している。1冊はウィーンのオーストリア国立図書館に、もう1冊はアルビの公立図書館に所蔵されている。ウィーンの本は、アルビの本に見られる誤りがないことから、著者による訂正が加えられていると考えられる。ノストラダムスは著書を出版するさいには、細心の注意を払っていた。1553年、ノストラダムスは『1554年用の占筮』を、リヨンの印刷業者ベルトに印刷させるのを取りやめた。ベルトが原稿を「かなり改竄し削除したことで、内容が無知な人間にも容易に理解できるようなばかげたものになってしまい、著者に多大な損害をもたらした」からである。

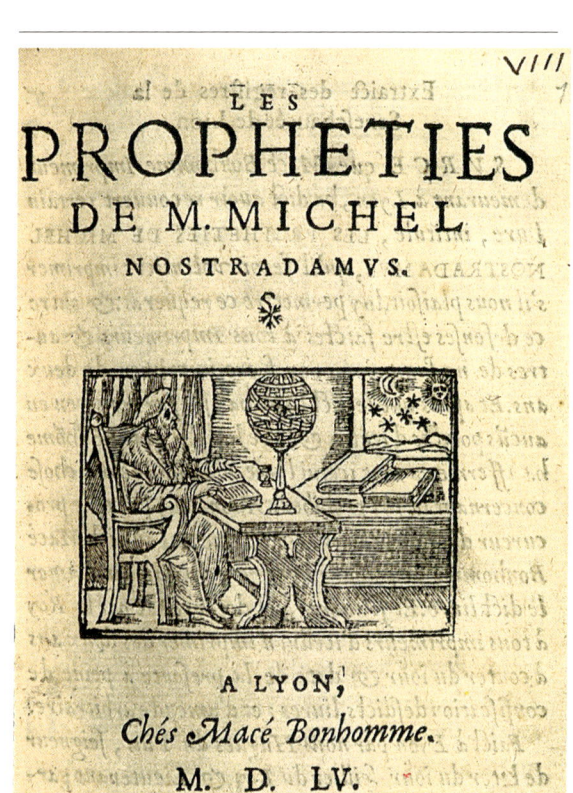

　き原稿が残されていない以上、一字の誤りもなく印刷されたかどうかは保証できないのである。

　ただし、『予言集』が難解なのは、印刷に問題があっただけではなく、著者自身が「予言をいくらか難解に組み立ててみたかった」からでもある。『予言集』の文章が難解になったのは、著者が気取って書いたからでもなければ、予言と現実の照合から逃れるための策略でもない。むしろ、天上の真理の

直観的認識は，世俗の人々にさらされてはならない，という考えがあったからだ。ノストラダムスは，難解に書くことで「大衆」に安易に理解されないようにした。彼は聖書を引用して，このような態度を正当化している。「神聖なものを犬に与えてはならず，また，真珠を豚に投げてはならない。それを足で踏みにじり，向き直ってあなたがたにかみついてくるだろう」(マタイによる福音書7・6，新共同訳)。ノストラダムスは，自分の考えを明らかにすると同時に，隠すことにも腐心しながら予言を書いた。

予言者か，占星術師か

ノストラダムスの予言は，彼の予知能力から生まれたものであると同時に，占星術的な計算によってもたらされたものでもある。占星術はひとつの体系的な方法と，さまざまな技法と，固有の合理性によって成立している。一方，予知能力とは，神から流出した神秘的なメッセージを直観的認識によって捉える力のことである。占星術と予知能力はまったく異なるものであるのだが，ノストラダムスは両方を使って予言をしている。

彼は通俗的な占星術師＝天文学者になることを自らに禁じると同時に，聖書に登場するような預言者になることも自制する。なぜならば，一方では，「知的な魂は未来を予測することができない」，他方では，「このような立派な称号」を名乗る

Daudet fe.
Dieu se sert icy de ma bouche
Pour t'anoncer la verité
Si ma prediction te touche
Rends grace a sa Divinité

↑予言を記すノストラダムス——『予言集』に描かれているノストラダムスの肖像は，現実の姿を映してはいない。こうした肖像は，紋切り型のイメージを描くことで，それがどのような種類の本であるのかを示そうとしている。多くの場合，霊感によって執筆する姿が，占星術師としての姿よりも優先されている。

ことはおこがましいからである。占星術を用いることで、世界の隠された秩序に近づくことはできる。未来の事柄も、そのような秩序の一側面でしかない。しかし、このように啓示された真理を、直接理解することはできない。真理を解釈するためには、直感的認識と科学〔占星術〕を結びつけるような知性が必要なのである。

ノストラダムスは、占星術を実践することで未来を知り、占星術と神の啓示を通して予言する。マルシリオ・フィチーノやコルネリウス・アグリッパの神秘哲学の継承者として、ノストラダムスは天空の事柄を知ることで、霊気(エーテル)に、すなわち神と人間を媒介する天使の領域に近づくことができると考えた。つまり『予言集』とは、人間と神が遭遇し、占星術と霊感が出会うことで生まれた産物なのである。占星術に基づいた伝統的な予言（たとえばラブレーの予言）とは異なり、『予言集』はこのような両義性を持つことで、聖なる外観を呈するようになった。ノストラダムスの著作は、天体からのメッセージを単に解釈したものではない。著作そのものがメッセージであり、それ自体が解釈されなければならないのである。

↑「ティブルの巫女」──ルネサンス期には、古代の著述家が再発見されたことで、アポロンを崇拝し、神託を伝達する巫女の存在が再び知られるようになった。ノストラダムスも巫女の役割から着想を得て、何度も自分の行為を特徴づけている。「詩百篇」第1巻1番と2番の四行詩の描写、とくに「青銅の椅子」に座った状態で予言がもたらされるという記述は、三脚床机（しょうぎ）に座って神託を伝えるデルフォイの巫女の姿を思い起こさせる。

「古代の神託さながらに」

『予言集』が好評を博したのは、フランス王アンリ2世と王妃カトリーヌ・ド・メディシスが、ノストラダムスに関心を寄せたおかげでもある。1555年の夏、ノストラダムスは宮廷に招かれた。そのため、3年後に出版された『予言集』の完全版には、王に捧げられた手紙が収録されている。その手紙のなかで、ノストラダムスは宮廷を訪れたときのことについて言及し、「私の両目は、太陽のように輝く陛下の栄華のお側

にありました」と書いている。

　1560年，詩人のロンサールはノストラダムスが獲得した名声について証言している。「あたかも古代の神託さながらに，多年来，／われらの運命の大部分を予言したのだ。／私は彼の言など信じなかったであろうに，／善悪を人間に告げる空が彼の言うことを確認しなかったら。／きっと空は，かくも雄々しい王杖の／失墜を嘆いて，その徴をあらわにしたのだ。／……われらの王は喜びの最中に命を落とした」。ロンサールはノストラダムスの名声を，1559年のアンリ2世の死と結びつけている。アンリ2世は騎馬槍試合の際に，相手の折れた槍が目に突き刺さり，命を落とした。後世の人々には，この悲惨な出来事が，1555年に出版された『詩百篇』第1巻35番で予言されていたように感じられた。「若き獅子が年老いた獅子を打ち倒すであろう／戦場での一騎打ちによって／金のかごのなかで，両目がくりぬかれる／ふたつの海軍ひとつ，やがて死ぬ，残忍な死に方で」。この四行詩のなかの「金のかご」はアンリ2世の兜を意味し，「若き獅子」は自らの意に反して王を死に追いやったガブリエル・ド・モンゴメリーを指しているかのように見える。しかし，この詩の内容が王の死と一致していると考えられるようになるのは，16世紀末になって，ノストラダムスの息子セザールが指摘してからのことなのである。むしろ，王の死の直後には，モントロティエの修道院院長ジャン・ド・ヴォゼルらによって，他の四行詩（第3巻55番）の予言が適中したと考えられていた。

↓カトリーヌ・ド・メディシスの魔除けのメダルの表と裏——カトリーヌ・ド・メディシスのメダルの魔除けは，フランスの宮廷で，占星術師への幻想を大きくした。歴史家ピエール・ベアールの洞察によれば，このメダルで主要なテーマとなっているユピテルは権力（アンリ2世，下メダルの右）を象徴し，ウェヌス（上のメダル）はカトリーヌ・ド・メディシスと王の愛人ディアーヌ・ド・ポワチエの対立関係を表している。

王たちの占い師，占い師たちの王

　ノストラダムスの名声は，占星術や神秘哲学に強い関心を

第1章 祖国フランスの予言者

↑カトリーヌ・ド・メディシスと占星術師──上の17世紀の版画は、宗教戦争がつづくなかで、王権に対して占星術師が及ぼした影響力を揶揄したものだ。魔法陣の中央に描かれた魔術師は、鏡のなかにフランソワ2世、シャルル9世、アンリ3世を映し出している。カトリーヌ・ド・メディシスのこの3人の息子は、ノストラダムスによって、王への即位と死を予言されたと言われている。3人の後ろに描かれたイエズス会士たちは冠を掲げ、迷信が支配する風潮を利用して、王政に対する影響力を大きくしようとしている。

寄せていたカトリーヌ・ド・メディシスの耳に届いていた。ただし、このアンリ2世の未亡人だけでなく、宮廷全体にプラトン哲学の教養が浸透し、神の御言葉の力やさまざまな前兆の意味に対する関心が高まっていた。宇宙に関する学問である占星術は、君主のための知識とみなされるようになった。統治者に求められる慎重な行動とは、天の秩序に即して振る舞うことだと考えられた。政治的、宗教的に混乱した時代に、天体の意思こそが異論が噴き出しかねない王政に正当性を支えてくれると思われた。ブルボン朝の始祖アンリ4世〔アンリ2世の娘婿〕も、いつの間にか宇宙の法に従っていたように見える。アンリが11歳のとき、全裸のアンリを観察したノストラダムスが、「障害を乗り越え、最後には王となり、長い間統治をするだろう」と予言していたからだ。ヨーロッパ中の支配者が天体の力を信じ、占星術師に助言を求めた。たと

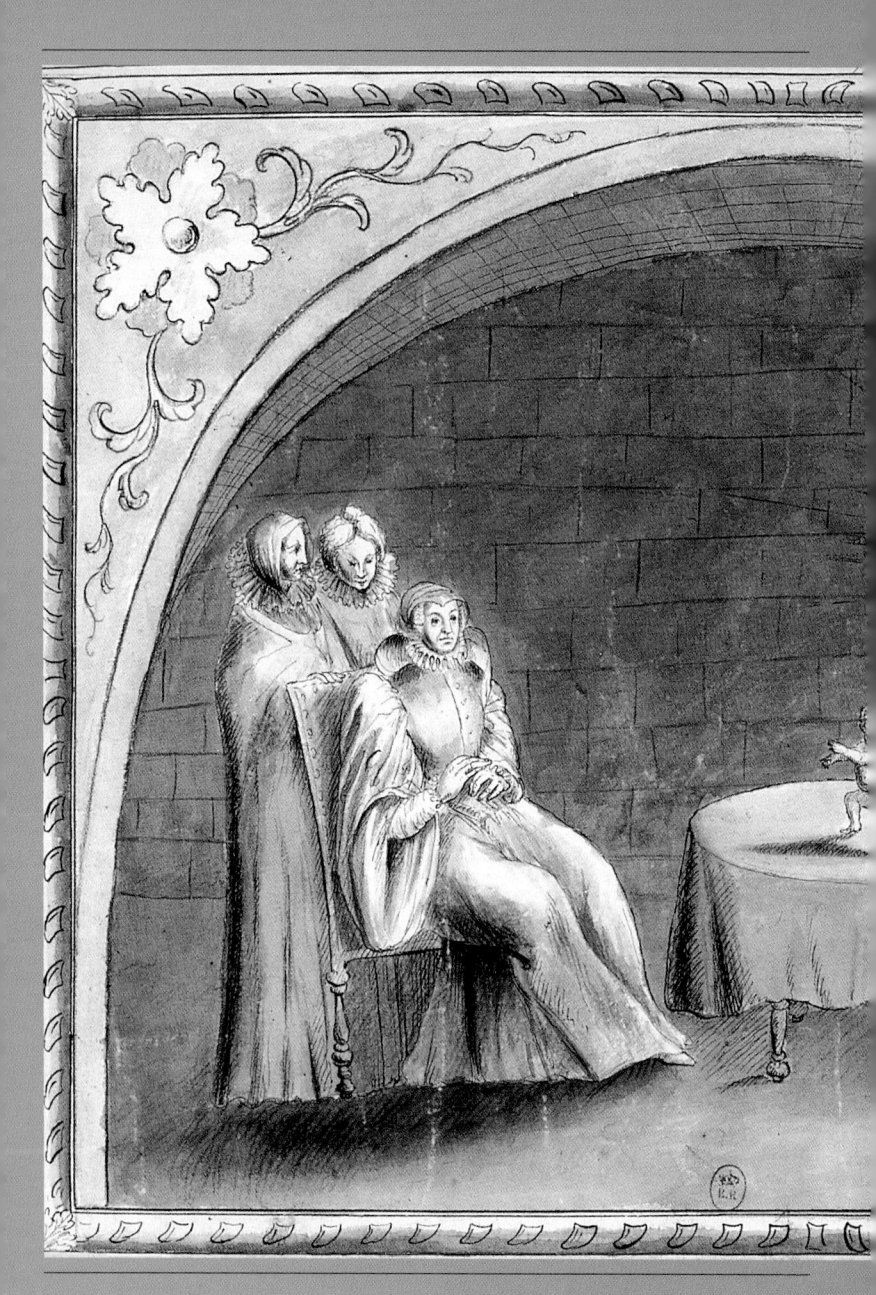

カトリーヌ・ド・メディシスとノストラダムス

ノストラダムスの時代、印刷物に書かれた予言は何よりも国家や地域について述べ、人々の共通の未来について記述するものだった。個人に関わることは、暦の医学的な予言でしか触れられなかった。個人の要求にこたえるためには、占星術師たちは自宅で相談に応じたり、書簡で助言を与えたりした。健康に関する質問や、自分の財産の見通しについて尋ねられたり、遺失物や隠された財宝を見つけ出すための相談も受けた。1562年にノストラダムスは、顧客に宛てた手紙のなかで書いている。「私は彼のホロスコープを作成しました。……どのような状況で、どのような地域で彼に保証されている財産と出会うのかも示しました。彼は鉱山の開発で幸福になるでしょう」。君主たちの個人的な相談は、当然政治的な次元のものであった。当時、占星術は君主の正当性を理解するための道具となっていた。

つまり、一個人としての君主の運命と王国の運命がどのように結びついているのかを理解するために、占星術が利用されたのである。

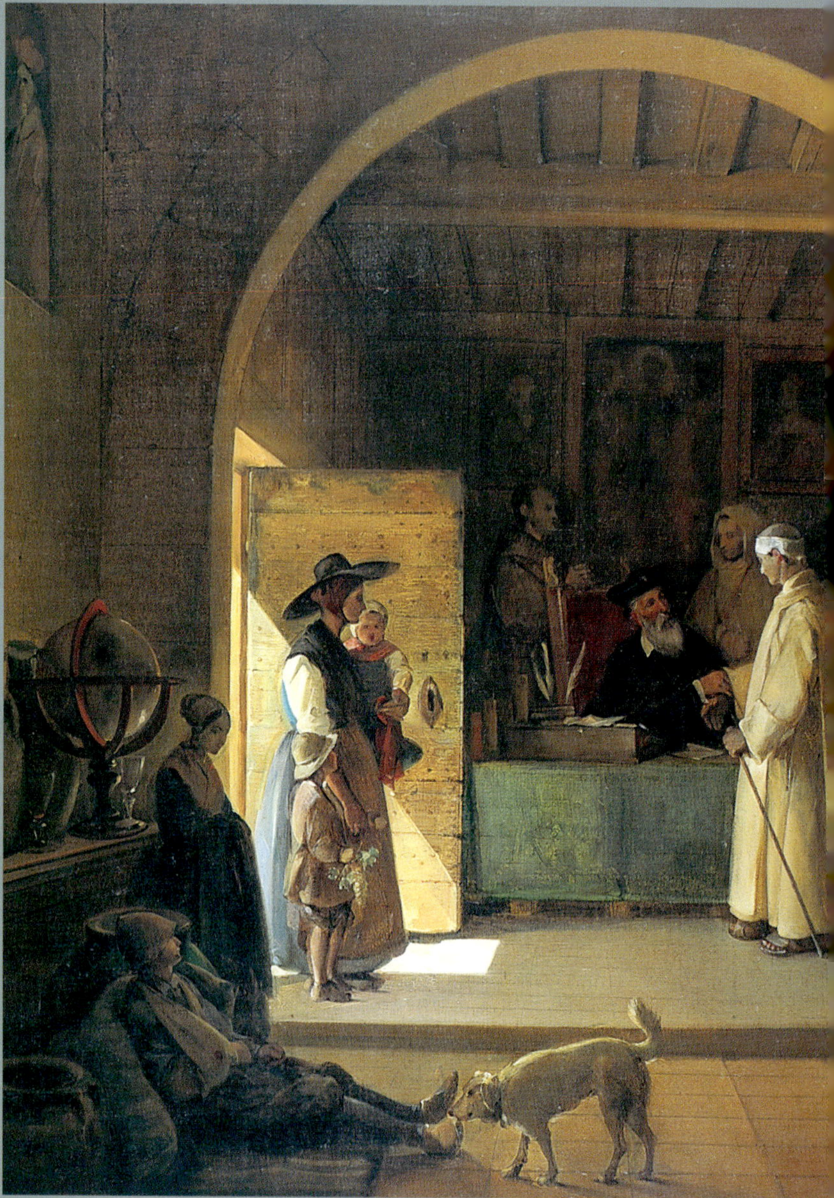

第1章 祖国フランスの予言者

「助言を与えるノストラダムス」(フランソワ=マリユス・グラネ作)

『詩百篇集』の初版を出版し、1555年に宮廷に招かれる以前に、ノストラダムスはすでに一定の名声を獲得していた。各地を旅して回り、暦を作成し、個人的な相談に応じてきただけで、彼の名声は高まった。その結果、それまではより高くあった医師としての評価を、占星術師としての評判が凌駕するようになった。アンリ2世に謁見するためにパリに赴いたさい、ノストラダムスはリヨンに立ち寄っている。リヨンのラシャ製造者ジャン・ゲローは、このときの様子を日記に書き残している。「まさにこのとき、ミシェル・ド・ノートル・ダムというプロヴァンスのサロン・ド・クロの占星術師がこの町を通った。彼は手相術、数学、占星術にとても精通していて、1人1人に対して過去のことから未来のことまで大事なことを告げた。よく言われているように、こちらが考えていることまで見抜かれてしまった」。

えば16世紀末の数十年間，神聖ローマ皇帝ルドルフ2世のプラハの宮廷には，数多くの魔術師，カバラ学者，占星術師が集まっていた。

　ノストラダムス自身はサロン゠ド゠プロヴァンスの自宅を離れることはなかったが，彼も王室お抱えの占星術師の地位を手に入れた。1564年から1566年にかけて，シャルル9世とその母カトリーヌ・ド・メディシスはフランス全土を巡行する旅の途中で，ノストラダムスに会うためにサロンに立ち寄り，王の顧問にして侍医という称号を彼に与えた。ただし，ノストラダムスの影響力は宮廷内にかぎられていた。ところで，16世紀後半の間に，36版の『予言集』が出版されてい

上の版画は，1577年にフランドル人ヤン・ウィーリックスが制作したもので，人生のさまざまな年代のひとつを描いた寓意画である。子供たちとともに食卓についている髭を生やした人物は，家庭教師である。長い間この版画は，1555年にアンリ2世とカトリーヌ・ド・メディシスの要請で，彼らの7人の子供たちについての助言を与えるノストラダムスを描いたものだと考えられていた。

034

る。数百部単位でしか本が印刷されなかった時代に、これだけ重版されたということは、『予言集』が好評であった何よりの証拠であろう。出版の規模という点で、『予言集』に匹敵するような本は他にはなかった。

「民衆を大いに欺く者……」

しかし、ノストラダムスの評判が高まるにつれて、異論も唱えられるようになった。複数の人々が、『予言集』のさまざまな面を告発する文章を執筆した。占星術による予言は、だれが書いたものであっても、天体がすべてを決定するという考え方に関して、必ず論争を引き起こすのであった。なぜならば、たとえだれもが占星術を正当な学問として承認したとしても、予言が確実なものとして示された場合には、神の摂理や人間の自由意志を侵害してしまうからである。一連の『占い』の著者でもあったラブレーは、「酒林の蔭で」語られる予言の決定論を告発していた。ラブレーの皮肉は16世紀の慣習に従って、婉曲な表現をせずに激しく異議を唱えるような文体で書かれている。

1558年、『ミシェル・ド・ノストラダムスの迷妄、無知、人騒がせの認定宣言』という小冊子が、ノストラダムスのことを単なる「大ばか者」と非難した。アヴィニョンの医師である小冊子の作者は、ノストラダムスの1557年用の暦について、数多くの計算間違いを指摘している。ノストラダムスの暦は「本当の占星術」に対する侮辱として告発され、ノストラダムスは「いかなる星のわずかな運行も計算」できないのではないかと疑われている。しかし、彼を苦しめた批判のなかでも、もっとも重大でもっとも繰り返されたものは、偽預言者という批判であった。

↓『ミシェル・ド・ノストラダムス氏の予言集』の扉──ノストラダムスをめぐる伝説は、長い間、その著作の真贋を見分けるのを妨げてきた。ジャック・アルブロンによると、これまではノストラダムスの著作を編集する際に、文献の真贋や系譜について十分な注意が払われてこなかった。下図は1649年に印刷されたにもかかわらず、1568年出版と記載されている『予言集』である。アルブロンによれば、このような混乱が「まがいものの歴史」を作り出してきたのである。そのため、現在ではノストラダムスの著作に注釈を加える場合には、きわめて批判的な考証が心掛けられている。

ノストラダムス自身は預言者と名乗ることに慎重であったが，それでも偽預言者の1人として批判された。「偽預言者」は神から遣わされたわけではなく，誤りや偽りの見通しを自分勝手に預言していると糾弾されていた。宗教的な混乱が背景にあったため，こうした批判は深刻だった。プロテスタントから影響を受けていたアントワーヌ・クヤールは，ノストラダムスのことを，「すさまじい恐怖や未来への不安によって臆病な人々を怯えさせ」，宗教的な暴力を拡大したと非難している。一方，カトリック教徒は，宗教改革が「聖なる霊魂の解放」を主張したことで，神の意思を代弁する悪しき人々が増えたのではないかと危惧していた。つまり，対立していたカトリックとプロテスタントの双方から，ノストラダムスの予言は懐疑の目を向けられ，敵意を示されていたのである。カトリック教徒であったブレーズ・ド・モンリュックは，ノストラダムスの「予兆」が獲得した高い評判について書き記すとともに，アンリ2世が物事を信じ込みやすいことを記し，彼の「予兆」に向けられた疑惑についても書き残している。

黙示録的な終末の訪れ

　ノストラダムスは，混乱した時代を生きる人々の気持ちを見事に表現したように思える。モンリュックが内戦で分裂した王国のことを憂い，不安に胸を締めつけられるとき，彼の脳裏に浮かぶのはノストラダムスであった。「子供たちが1人の男を目撃し，驚いて母親に告げる，という予言があるそうだ（それがノストラダムスの予言であるかどうかはわからない）。あらゆる男たちが殺し合いをした結果，男の数がそれほど減ってしまうということだ」。『予言集』が驚くほど支持され

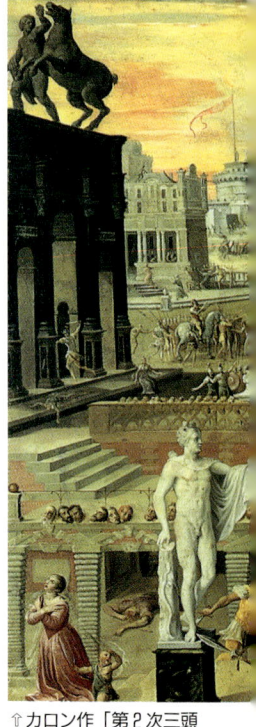

⇧カロン作「第2次三頭政治下の大虐殺」（1566年）

⇦エルキュール・ル・フランセによるノストラダムス批判本──ノストラダムスは，プロテスタントの誹謗文書のなかで，カトリック教徒を暴力に駆り立てていると批判された。一方，サロン＝ド＝プロヴァンスでは，逆にルター派ではないかと疑われた。1561年7月のノストラダムスの手紙によると，プロテスタントの教会を襲撃しようとした暴徒たちは，彼をルター派とみなした。

た理由は、アンリ2世の死の予言が適中したことだけにあったのではない。ノストラダムスの世界観と当時の社会状況が、見事に合致していたのである。

『詩百篇集』の予言の対象となっている期間は、「アンリ2世への手紙」のなかで明らかにされているように、神の秩序が生まれるまでの混乱と再生を幾度となく繰り返す時代である。ノストラダムスが描いている未来の歴史の中心には、絶えず異教徒や異端者から脅かされる教会が存在している。繰り返し訪れる災いは、いつもキリスト教徒に対する大規模な迫害から始まる。「その王は教会に対して信じられない大罪を犯し、公道や神殿では激しい雨がもたらした雨水のように人間の血が流れ、近くの川を血で赤く染めるであろう。……そ

「私たちは非常に困難な時代に生きています。もっとも優れた人々の頭上に剣がつるされ、逆に犯罪者が優遇されています。自由は抑圧され、宗教心は堕落しました。戦争が法を沈黙させ、恐怖が支配をしています。だれもが飽くなき殺戮、流血、戦火の道を進んでいます。要するに、あなたが言われるように、内戦に向かっているのです」ノストラダムスからローレンツ・トゥッペへの手紙（1562年5月13日）

の年及びその後数年にわたって、恐ろしい疫病が蔓延し、それに先立って発生した飢饉によってそれはとてつもないものとなるだろう」。この文章には、16世紀に唱えられた祈り（「主よ、われらを戦とペストと飢饉から救いたまえ」）にも登場する三大災厄が描かれている。宗教戦争が始まろうという時代背景のなかで、1559年にアンリ2世が不慮の死を遂げたことは、不吉な前兆のように思われた。というのも『予言集』では、無秩序や混乱の時代は、多くの場合、君主の即位や死によって始まるからである。

1562年に宗教戦争が実際に始まったときには、民衆はノストラダムスの『予言集』や他の人々の著作を通して、混乱や黙示録的な終末といった考え方にすでに馴染んでいた。この頃、異常気象がつづき、奇形動物が発見され、食や彗星といった天体現象が観測されていた。こうした異様な自然現象について、多くの出版物は、神の懲罰が迫っている証拠であると結論づけていたのである。

おそらく人々の心を支配していた不安こそが、宗教戦争を引き起こす要因のひとつであった。政治や戦争で繰り返される残虐な行為は、黙示録に描かれた終末の前兆と考えられ、最後の審判が迫っていることへの確信が、さらなる暴力へと人々を駆り立てた。カトリックもプロテスタントも、互いに相手のなかに反キリストの姿を見ていたため、和解の余地はほとんどなかった。「公道」に血の川が流れる光景を描いたノ

↑彗星──彗星や食などの天体現象、異常気象、奇形動物の誕生などが起こると、それに関する印刷物がすぐさま出版された。このような自然の変調はいつの時代でも、神の怒りの表れであるとか、差し迫った惨事の前兆であると解釈された。

ストラダムスは、サン゠バルテルミーの虐殺（1572年8月24日）で頂点に達する動乱の時代を、もっとも忠実に証言した人物の1人なのである。

不安の詩学

> Au cruſtamin par mer Hadriatique
> Apparoiſtra vn horride poiſſon,
> De face humaine, & la fin aquatique,
> Qui ſe prendra dehors de l'ameçon.

しかし、ノストラダムスだけが、世界が無秩序へと陥ることに懸念を表明していたわけではない。詩人のロンサールも書いている。「神は大きな混乱を整序することで、不和が冥府につなぎとめられることをお望みだったが、いまや人間の罪を罰するために、それを解き放とうとしている。驚くべき出来事を通じて、神は私たちにこのような脅威を警告してくださる」。ノストラダムスもロンサールほかの詩人や予言者たちも、神の怒りの兆候が世界を駆け巡っているという、自分の見解を人々に示すのを使命と自認していた。ところで、ロンサールに代表されるプレイヤード派の詩人たちは、フランス語の改良と復権を目ざしていた。彼らが共有していた言語観によると、詩語は世界の隠された秩序を語る超自然的な力を備えている。しかも、傑出した人文学

☞『ミシェル・ド・ノストラダムス氏の予言集』の「詩百篇」第3巻21番の四行詩

⇩修道士の姿をした海の怪物──16世紀には、学問と宗教の間に、境界線はなかった。ノストラダムスが「人間の顔をしたおぞましい魚」と書く、下の図のような不思議な怪物も、宗教的な現象であると同時に、学問的な考察の対象となった。ピエール・ブロンやアンブロワーズ・パレのような博物学者は、黙示文学のなかに登場するような怪物に対しても興味を示した。

CLARISSIMVS MICHAEL NOSTRADAMVS CONSILIARIVS ET MEDICVS REGIVS GALLIAE ORAC VLVM PATRIAE DECVS AN AETATIS LXIII

第1章 祖国フランスの予言者

ノストラダムス(左)と息子のセザール(右)

1566年,ノストラダムスは,妻アンヌ・ポンサルド,3人の娘(マドレーヌ,アンヌ,ディアーヌ),3人の息子(セザール,シャルル,アンドレ)を遺して死んだ。長男のセザール(1554頃〜1630年)は,『予言集』の初版の冒頭でノストラダムスが手紙を捧げている相手である。彼は父親の肖像画を数枚描くことで,父の後継者であることを確固たるものにした。父が手に入れた財産と社会的地位を引き継いだセザールは,自分を学者,芸術愛好家とみなしていた。「貴族だけにふさわしい高貴な趣味として,私は死ぬまで絵画を愛するだろう」。彼はプロヴァンスの社会のなかで傑出した地位を占め,1614年には『プロヴァンスの歴史と年代記』を著した。

⇐ノストラダムスの遺言書(背景の文字)──「死の存在ほど確かなものはないように,死期ほど不確かなものはない。……私ことミシェル・ノストラダムス,サロンの町の医学博士にして占星術愛好家,王の顧問にして侍医は,そのまったき知性のなかにあって思考してきたが,……創造主たる神が与えて下さった財産を,生きている間に分け与えておきたい」。

> 12 Par la tumeur de Heb. Po, Tag. Timbre &
> Et par l'estang Leman & Aretin, (Rosne
> Les deux grans chefs & cites de Garonne
> Prins, morts, noies. Partir humain butin.

者であり，ロンサールの師でもあるジャン・ドラは，詩詠と予言の霊感を密接に結びつけ，「運命によってわれわれは予言者である」と書いている。このような考え方からすれば，ノストラダムスの予言法も，「詩的熱狂」に通じる朗唱術と考えなければならない。

1549年，ジョアシャン・デュ・ベレーは『フランス語の擁護と顕揚』のなかで，フランス語を古典にならって洗練させ，文学表現のできる言語に高めると宣言した。この理念に影響を受けたと思われるノストラダムスは，数多くの新造語を考案し，『詩百篇集』に文学的な息吹を与えた。そのため彼の著作には，その難解さにもかかわらず（あるいはそのおかげで），明示的な意味をはるかに越えてイメージを喚起する力がある。崩された統語法や意味の不確かな廃語などを用いることで，言語に無秩序を導入し，不安を表すのに適した言語表現を作り出したのである。

ノストラダムスの四行詩は，文脈から察しのつく動詞や冠詞を省略し，神話や歴史からの隠喩を複雑に張り巡らすような文体で書かれている。また，ラテン語の統語法を用いているため，性，数，格による名詞・形容詞の語尾変化を参照し

↑↓四行詩（『ミシェル・ノストラダムス氏の予言集』からの抜粋，1555年，リヨン）——ブランダムールは，1555年に出版された『詩百篇集』を分析し，ノストラダムスがどのような手法を用いて言葉の意味を曖昧にしたのかを解明している。たとえば，第3巻12番の四行詩（上図）では，HebをEbre（エブロ川），TagをTage（タホ川）の略語と考え，動詞も省略されていると解釈した。ブランダムールによると，この四行詩は次のような意味になる。「エブロ川，ポー川，タホ川，テベレ川，ローヌ川の増水によって／そしてレマン湖とアレッツォの湖によって／ふたつの大都市とガロンヌ川のほとりにある諸都市では，捕虜と死者と溺死者が出る／人間の戦利品を分け合うことになるだろう」。

> 55 Sous l'opposite climat Babylonique
> Grande sera de sang effusion,
> Que terre & mer, aïr, ciel sera inique:
> Sectes, faim, regnes, pestes, confusion.

63
Romain pouuoir sera du tout abas,
Son grand voysin imiter ses vestiges:
Occultes haines ciuiles, & debats
Retarderont aux bouffons leurs folligues.

なくては，文のなかでその語がどのような機能を果たしているのかが，理解できない場合がある。このように言葉の意味や語源が不確かであるために文章が混沌としたものになっている。さらに，『詩百篇集』はラテン語，ギリシア語，プロヴァンス語，ヘブライ語，アラビア語——これらの言語の単語はしばしばフランス語風にされている——から多くの言葉を借用している。こうした豊富な語彙に加え，ノストラダムスは数多くの新造語，アナグラム，語呂合わせを用いている。たとえば，「早くて遅くに」や「遠くて近くに」などの矛盾した表現は，読者を困惑させる目的のためだけに使用されているように思われる。占星術師のリシャール・ルーサが書いた『時代の状態と変化の書』(1550年) は，おそらくノストラダムスが影響を受けた著作のひとつである。しかし，ルーサの著書には，神がかり的な霊感を思わせるような詩的なひらめきが感じられない。ノストラダムスの著作の成功と，彼に影響を与えながらも忘却の彼方に消えていった著作を比較するとき，『詩百篇集』で使われた文体がいかに重要であったのかが理解できる。

第1巻55番の四行詩（左頁下図）では，「おびただしい流出血の」という統語法が混乱した文につづき，4行目には「宗派，飢餓，王国，ペスト，混乱」と五つの名詞が並置されている。ブランダムールによると，この理解不能な名詞の並置は，「宗派と王国に飢餓とペストと混乱が」と解釈されなければならない。第3巻63番の四行詩（上図）には，イタリア語やプロヴァンス語から借用された言葉が含まれている。また，第2巻81番の四行詩（下図）では，雨から晴天への変化を表すために，デウカリオン（大洪水を生き延びた英雄）とファエトン（太陽神の子）という神話の題材が利用されている。

81
Par feu du ciel la cité presque aduste:
L'Vrne menasse encor Deucalion:
Vexée Sardaigne par la Punique fuste
Apres que Libra lairra son Phaëton.

044

❖ノストラダムスは著書を難解にすることで大衆に理解されないようにしたにもかかわらず、彼自身は大衆文化の象徴となった。『予言集』の信憑性をめぐってさかんに論争が行われたことで、軽信と理性、迷信と宗教、科学と魔術が対立するような文化領域が形成されていった。

第 2 章

幻視者か、いかさま治療師か？

⇐「著名な占星術師，かのノストラダムスの傑出した真の肖像」（19世紀）⇒ジャン゠シャルル・ド・フォンブリュヌ著『ノストラダムス2』の表紙——ノストラダムスを描いたエピナル版画の素朴な美しさ（左図）や、ジャン゠シャルル・ド・フォンブリュヌによる突飛な読解によって、『予言集』は大衆文化に吸収されていった。何百年にもわたるノストラダムス研究の伝統があったものの、理解不能な言葉の意味まで強引に解読しようとしたため、そのような学問的な解釈は長い間脇に追いやられてきた。

理想的な種本

17世紀になると、『予言集』に対する批判はますます大きくなり、体系的になっていった。1610年以降、バスク地方で魔女裁判を担当した司法官ピエール・ド・ランクルは、『詩百篇集』の社会的な位置付けに関して重要な見解を取るようになった。ランクルによれば、ノストラダムスは天体に基づいて予言をしているだけで、魔術を用いたという罪を犯してはいない。むしろ、注釈者たちがノストラダムスに彼自身が考えてもいなかったことを語らせ、彼のあいまいな詩句をさまざまな出来事に勝手にあてはめ、自分の党派や利益にそう形で予言をねじ曲げているという。実際に『予言集』は模倣、パロディー、偽造、解釈、注釈の無尽蔵の種本として用いられた。また、出版物としても、多くの出版業者にとっては魅力的な書物であった。

ノストラダムスの死後、彼の予言を模倣した出所の怪しい出版物が出回るようになった。1569年、「ミシェル・ノストラダムス2世」と名乗る謎の人物が、『20年間の予言』を出版した。その後、「アントワーヌ・クレスパン・ノストラダムス、別名アルキダムス」が、1570年から1590年にかけて一連の予言を出版した。こうした出版物は、何よりも政治情勢の変化にあわせて刊行された。たとえば、アントワーヌ・クレスパンは宗教紛争の局面ごとに予言を発表し、国内の融和を支持する立場から、教会の敵への戦争に人々を扇動する立場に姿勢に変えていった。17世紀を通じて、『予言集』を模した贋作は出版されつづけたが、政治的な問題がこうした贋作を執筆する主要な動機であったことに変わりはなかった。

フロンドの乱（1648～1653年）がもたらした政治的混乱によって、数多くの攻撃文書が作成された。それらは『予言集』

↓『ジュール・マザランのホロスコープ』（↘47頁下）マザランの肖像画ーー1650年に『ジュール・マザランのホロスコープ』の著者は書いている。「ノストラダムスが示しているところによれば、ジュール・マザランほどフランスに相反する宰相はいなかった」。しかし、1652年に混乱していた内政が落ち着きを取り戻すと、同じ著者がノストラダムスの権威を引き合いに出しながら次のように書いた。「現在（マザランに）向けられている攻撃的な態度も変化していくだろう。なぜなら彼は自らの行為を通じて愛されると同時に恐れられるようになるからだ」。注釈者が予言の解釈を極端に変えていったことでも、『予言集』への信頼を徐々に失わせた。

のスタイルを模倣することで、ノストラダムスの権威を利用したり、パロディー化したりした。1649年には、実際よりも古い発行年が記された『予言集』が出版され、「詩百篇」第7巻に新しい四行詩が付け加えられた。その四行詩には、容易に宰相マザラン（Mazarin）と識別できるアナグラム（Nirazam）が用いられ、彼の失脚が予言されている。このようなお粗末な模作は、大量の贋作が出回っていたこの時代にあっては特

↓偽作された「詩百篇」第7巻45番の手書きの四行詩（1650年刊行）——『予言集』の偽作があまりにも頻繁だったため、1571年に『ノストラダムスの本棚から発見された…13年分の予兆』を書いた著者は、「ノストラダムスの名前と信頼のもとで」「くだらない著書に名声と評判を与えようとしている」と非難した。

別なものではなかった。しかし、贋作のために、ノストラダムスと彼の子孫は、政治情勢に関わる論争の渦中に引きずり込まれていったのである。

1694年、ルイ14世が始めた戦争によって社会が混乱し、再びノストラダムスの予言が持ち出されるようになると、イエズス会修道士メネストリエは『予言集』を政治的に利用することの危険性を明確に指摘した。「パリの内乱（フロンドの乱）の間中、ノストラダムスと彼の予言は、政府に対する風刺と夢想で世界を満たすために利用された」。このような理由によって、指導者層（エリート）は、『予言集』を受容するような大衆文化を嫌い、ノストラダムスから距離を取るようになった。

大衆文化の象徴

　1611年，印刷業者ピエール・シュヴィヨは，トロワで『予言集』を新たに出版した。この39版目の『予言集』は，それ以前のものと内容的な違いはなかったが，ノストラダムスの著作を新しい出版界に広く浸透させることに寄与した。というのもシュヴィヨは，訪問販売で売られる民衆本を専門に出版していたからである。17世紀初頭の時点では，行商本の流布は，まだ都市部の読み書きのできる階層にかぎられていた。しかし，暦はもちろん，騎士道物語，料理書，初歩読本，信心書，聖人伝などが，戸別販売によって多くの読者のもとにもたらされた。こうした本は，質の劣った紙に低コストで印刷されたため，廉価で購入することができたのである。

　ただし，訪問販売用の印刷物を手掛けていたトロワの印刷業者や，彼らの真似をした人々は，短期的な利益しか考えず，収益が上がると判断した出版物しか印刷しなかった。そのため，好評だった暦の文章を何度も繰り返し使用し，暦に書かれる予言も毎年ほとんど変えなかった。その結果，出版物はすぐに紋切り型となり，さらに印刷工たちが細心の注意を払わなかったために，誤植が増えた。くだらない出版物を売り込むために，何かにつけてノストラダムスの名前が利用された。たとえば，1674年にデュポン未亡人がパリで出版した『歴史暦』には，「ミシェル・ノストラダムス師によって正確に推算され，計算された」と書かれている。メネストリエ神父はこれらの凡庸な暦の著者とノストラダムスを同列に置いて批判した。「彼は医師であり，占星術師であり，暦の製作者だ。

↑『ミシェル・ノストラダムス氏の予言集』(17世紀)，(⇦左)「ノストラダムスの暦」(1715年)(⇦右)「西暦1661年用の暦からの抜粋」——16世紀，占星術に基づいた予言の暦は，とくに大衆読者層向けというわけではなかった。暦は何よりも時の流れを確認する道具だったので，あらゆる階層の人にとって有用であった。ところが，読者層を想定した暦を提供するために形態が多様化した17世紀になると，どのスタイルの暦を選ぶかは，その人の社会的・文化的なアイデンティティを表すことになった。ノストラダムスの名前は，エリートたちがもっとも下劣とみなした階層向けの暦のなかで利用された。

こうした性質によって彼が予言者の肩書きを手に入れるのなら，ラリヴェーやケスティエやミラノで暦を作っているペスカトーレも予言者と呼ばなければならない……」。

ノストラダムスの名声は，著書が大量に印刷されるようになったことで，旧体制(アンシャン・レジーム)の世界に浸透していった。19世紀になると暦の形態が変わり，好評だった予言やノストラダムスの名前は相変わらず印刷されていたものの，以前よりも教育的な要素が取り入れられるようになった。たとえば，『予言と絵が入った1841年用の有益な暦』は，『詩百篇集』の歴史的な背景を加えることで，ノストラダムスの予言をより理解しやすくしようとしている。一方，エピナル版画はノストラダムスを題材にする場合には，彼の人物像の中でも人々が受け入れにくい側面を和らげて描いた。その結果，奇妙な逆説ではあるが，もっとも難解なフランス語で書いた者が，大衆文化を象徴するようになったのである。民衆に理解されないように書いたノストラダムスには，このような自分の運命を予見することはできなかっただろう。そして逆に，大衆文化の象徴となった彼は，本来代表していたはずの知識人たちの世界からは，顧みられなくなってしまった。

↓書籍を売り歩く行商人
──印刷物を訪問販売する行商人は都市の文化を象徴する存在であったが，18世紀になると農村部にも現れるようになった。

占星術に抗する啓蒙

17世紀になると，魔術や占星術と結びついた信仰や医療行為は，しだいに知的エ

リート層の軽蔑の対象となった。科学と迷信の間に境界線が引かれ，大衆文化とエリート文化が対置された。あらゆる種類の信仰に懐疑的であったガブリエル・ノデは，『予言集』や占星術に対して厳しい考え方を示した。「そのような夢想は，低俗で，粗野な民衆の想像のなかにしか宿りえない」。18世紀にディドロやダランベールが編纂した『百科全書』のなかでは，ノストラダムスはわずか三度しか言及されていない。サン=レミ=ド=プロヴァンスという項目では，ノストラダムスがその象徴となっていたあらゆる迷信が告発され，彼自身に関しては「愚かにも判断的占星術が信じられていた時代に生きた」と書かれている。『百科全書』の執筆者たちは，一貫して占星術を痛烈に非難しつづけた。

しかし，天体が人間や物に影響を及ぼすという問題に関しては，百科全書派も占星術の考え方と完全に断絶していたわけではない。たしかに，『百科全書』の「(天体の) 影響力」の項目では，占星術の考え方は批判されている。すなわち，占星術は天体が物理学的な影響を与えているというもっともらしい仮説を危険にも一般化しているだけだ，というわけである。しかし，百科全書派の思想は次の言葉に表れている。占星術師たちの予言のせいで「天体の影響力は，月からの作用を受けた脳が空想した，取るに足らない産物だとみなされてしまった」。

つまり，18世紀の科学は，占星術を徹底的に批判しているものの，天体の影響力という仮説に関しては，詳細に研究することなく，妥当なものとして認めていたのである。この問題は，精神と物質の関係という当時

もっとも議論されたテーマとも関わっている。ノストラダムスが激しい批判を受けながらも、人々の関心を引きつづけたのは、このような哲学的な課題のおかげである。

神秘主義と交霊術の流行

18世紀末に発展した照明説(イリュミニスム)は、精神が物質を支配していると考えることで、唯物論的な仮説を逆転させた。メスマー（1734〜1815年）の動物磁気説［人体はすべて動物磁気の作用下にあり、この不均衡が病気を生ずるという説］からアラン・カルデック（1804〜1869年）の心霊主義にいたるまで、19世紀の人々は、超自然的なものや神秘的な力を重視する理論に熱中した。当時、フランスには学者たちのグループが無数に存在していて、彼らは好奇心のおもむくまま神秘的で斬新な学説を自由に唱えていた。このよ

⇦占星術師と⇧天文学者ジャン゠ドミニク・カシニ（1625〜1712年）の肖像画——17世紀、天文学と占星術の境界はまだ明確になっていなかった。

ARTICLE PREMIER.

Toutes personnes se mêlant de deviner, & se disant Devins ou Devineresses, vuideront incessamment le Royaume après la publication de la présente Déclaration, à peine de punition corporelle

うな科学的な冒険は、フロベールの小説『ブーヴァールとペキュシェ』（1881年）の筋にも素材を提供している。
こうした時代状況のもとで、ノストラダムスに対する研究も存続しつづけた。1860年代には、交霊術や交霊円卓やラップ現象が大流行すると同時に、『予言集』に注釈を加える者も増えた。というのも、未来を直感的に見通す力は、アラン・カルデックが『霊媒の書』（1863

1671年に創設された王立天文台は、占星術師を描いた版画にも、天文学者ジャン゠ドミニク・カシニの肖像画にも背景に描かれている。このような状況で、1682年の王令（上図）によって占い術が重罪院で裁かれるようになったことは、ある恣意が働いたのだろう。

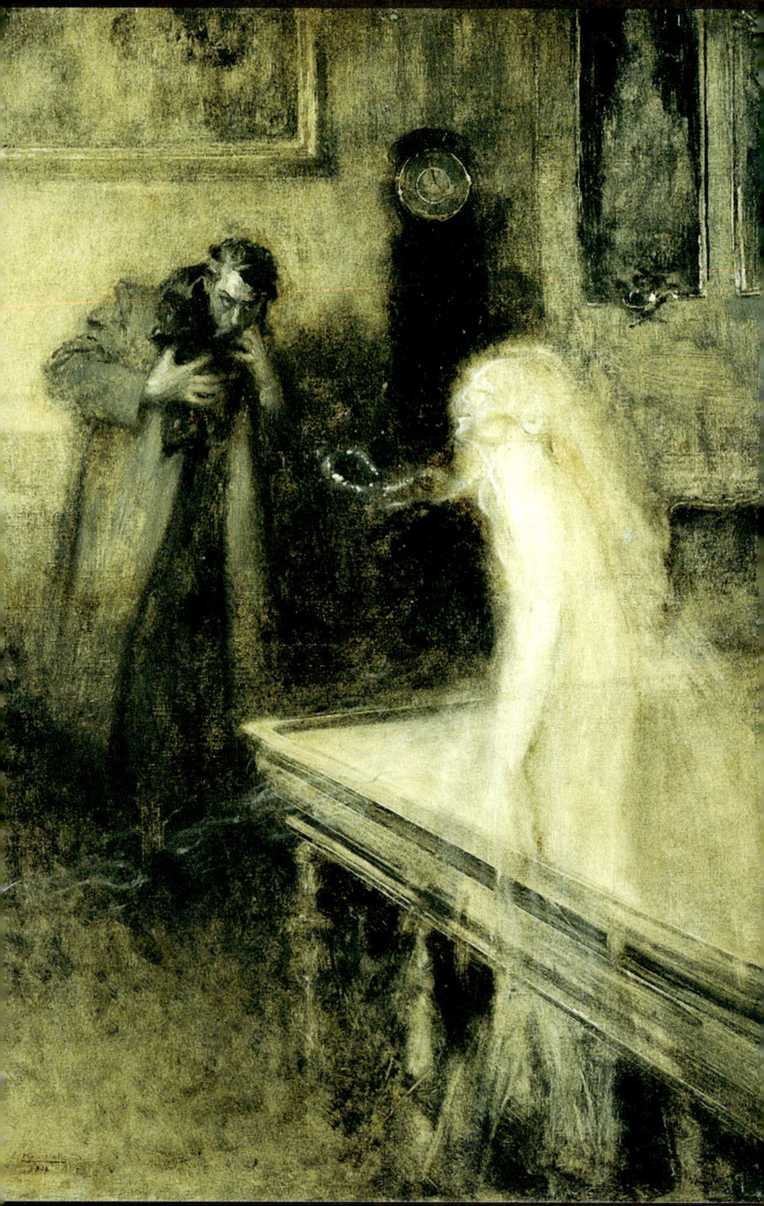

(52頁)セラフィーノ・マッキアティ作「幻視者」(1904年)(53頁)霊媒と亡霊(20世紀初頭)——交霊術説が前提としている考え方によれば,霊魂が人体に宿って受肉することは,霊魂の存在の一時的な姿でしかない。非物質化されているときの霊魂も霊媒と交信することができ,写真の二重写しの技法を用いることで視覚的にイメージすることができる。当時,誕生したばかりの写真技術は,霊の出現を画像で表現する方法に変革をもたらした。交霊術説の理論家アラン・カルデックは,「霊魂は未来の出来事を帰納的に見る,あるいは予感する」と信じていた。ただし,「予言することを楽しむような,人を欺く霊魂には警戒」しなければならないし,ペテン師の言動と同一視されるような予言とは一線を画そうとしている。未来に対する正しい予感とペテン師の言動との違いは,予言の精度である。「あらゆることを詳細に語る予言は疑わしいものであるに違いない」。

年）のなかで定義しているように，一種の「霊媒能力」とみなされたからである。交霊術を究めた一部の人々はノストラダムスの事例に対して懐疑的であったが，超自然的なものへの関心の高まりが，『詩百篇集』に対する興味を再び増幅させていった。

小説家たちは神秘主義に引かれる気持ちを，作品を通して表現している。アレクサンドル・デュマは，『王妃マルゴ』の香料師ルネや『ジョゼフ・バルサモ』のカリオストロのように，占星術師や魔術師を小説のなかに登場させている。「騎士パルダヤン」シリーズの著者で，当時もっとも人気のある作家といわれていたミシェル・ゼヴァコは，1907年にノストラダムスを主人公にして一連の作品を書いた。そこではノストラダムスは，神秘的な力と知識を持った賢者として描かれている。彼は王権の犠牲者であると同時に，道を踏みはずした王権を裁き，処刑する人物でもある。ノストラダムスを権力の批判者として設定したゼヴァコの姿勢に，彼のアナーキズムを読み取ることができる。

こうした考え方は，J・ブヴェリ著『科学と哲学の前での交霊術とアナーキズム』（1897年）に通じる考えだ。ブヴェリは，資本主義を支える唯物論や制度化された知識の強制に対抗するものとして，霊的な力を擁護している。だが，神秘主義や『予言集』が民衆を虜にしていたにもかかわらず，大半の科学者にとってノストラダムスは軽蔑の対象であった。1872年に完成した『フランス語辞典』のなかで，エミール・リトレは「ノストラダムス」という固有名詞が一般名詞に変化し

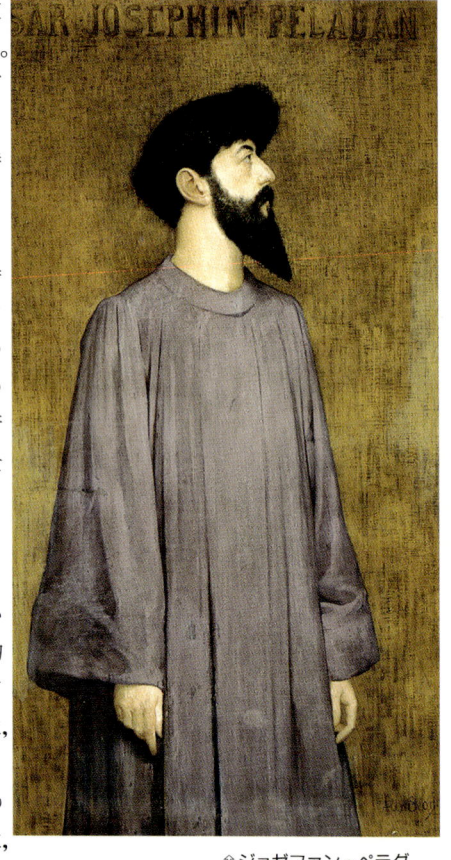

↑ジョゼファン・ペラダンの肖像——「薔薇十字サロン」を創設し，「シャー」（＝古代ペルシア語で魔術師の意）と自称したペラダンは，19世紀末の神秘思想を代表する人物であった。彼の東洋風のたたずまいや服装は，当時の人々が抱いていたノストラダムスのイメージを想起させる。

⇦ 東洋風に描かれたノストラダムスの肖像（19世紀，エピナル版画）⇩ 「1856年用の占星術に基づいた暦」——エピナル版画だけが，ノストラダムスを東洋風に描いたわけではない。ゼヴァコの小説に登場するノストラダムスは，薔薇十字団の奥義を伝授してもらうためにエジプトに赴いている。このようなエジプトとの関係は，小説家が空想したエピソードにすぎなかった。だが，おもしろいことに1967年になって，忘れ去られていたノストラダムスの手稿『ホラポロ，オシリスの息子，ナイルのエジプト王』が，フランス国立図書館で発見された。この作品には，古代エジプトの象形文字（ヒエログリフ）とそのギリシア語訳が書かれており，ノストラダムスはヒエログリフの謎を解明しようとしている。ルネサンス期の学者や秘教主義者たちは，ヒエログリフを象徴記号で構成された言語とみなし，その魅力に惹かれていた。

た用法を次のように書いている。「ノストラダムス（転義）＝魔法使い，魔術師，占星術師（ほとんど揶揄としてのみ使用される）」。

合理主義からの批判

　ノストラダムスの予言が人々の関心の対象でありつづけたのは，科学的な合理主義に対する反発の表れである。1930年にアンリ・ロ

L'ART DE PRÉDIRE L'AVENIR

（p.56）ジュール・ド・グランプレ著『未来を予言する術』のなかの挿絵，（p.57）ミシェル・ゼヴァコ著『ノストラダムス』の表紙——19世紀末になると，現在につづく秘教的な民俗（フォークロア）が形成され，人々が共有しているイメージとして定着していった。不吉な動物，トランプ占い，手相占い，占星術，カバラ，幽霊などは多くの場合，大衆文化の中で結びつけられていった。ゼヴァコが小説のなかで描いたノストラダムスは，そうした想像の世界のなかで形成された複数の紋切り型イメージを統合したような人物である。しかし，小説の題名が想像させる内容とは異なり，ノストラダムスという登場人物が作品の中心にいるわけではない。むしろノストラダムスは脇に退き，架空の人物である息子の冒険物語が展開されることで，作品は一種の任侠騎士小説になっている。占星術や秘教は作品の背景を構成し，物語を動かしていく力となっている。この点では「悲劇」と共通しているのであるが，冒頭に告げられた予言が，物語が進むにつれて現実のものとなっていくのである。

ジェやポール・ランジュヴァンによってユニオン・ラショナリスト（合理論者協会）が創設されると，反占星術の論争は特殊な様相を帯びるようになる。ユニオン・ラショナリストは理性を擁護する団体として設立され，「さまざまな啓示を信じる気持ちや超自然的なものを好む性向」と闘おうとした。第2次世界大戦後に，ノストラダムスに対する関心が復活したことは，科学を装った迷信や似非科学や「不合理なものの上昇」を告発する絶好の機会となった。

1970年12月15日，ユニオン・ラショナリストはラジオ局Europe 1に書簡を送り，女性予見者マダム・ソレイユの番組に抗議した。当時，マダム・ソレイユは，『予言集』に対する大衆の関心と結びついて，人気を博していた。彼女の発言自体は「常識的な助言にとどまって」いたものの，科学的な見地からは見すごせないものがあった。ユニオン・ラショナリストによると，ノストラダムスなどの「不合理で時代遅れな実践」は，「科学的な方法によって」支配された輝かしい未来に反するものなのである。ユニオン・ラショナリストはこのような善悪二元論のために，占星術の支持者やノストラダムスの注釈者たちに敵とみなされた。たしかに，ユニオン・ラショナリストによる科学的合理主義の擁護は，あまりにも異論を許さないところがあり，時おりそれ自身が不合理なものになっていた。

こうして，『予言集』に突飛な注釈を加える者や危険な仮説を唱える者たちが，「科学的妥当性」の横暴に対する闘いという正当性を手に入れたのである。彼らはそれによって自分たちの基盤を疑問視する議論から巧みに逃れるようになった。1980年代に，『予言集』に関わる新しいタイプの注釈書がベストセラーになると，合理主義者とノストラダムスの注釈者たちの対立は頂点に達した。

⇧ユニオン・ラショナリストによって出版された月刊誌「カイエ・ラショナリスト」の表紙（ゴヤの版画「理性の眠りは怪物を生み出す」）──長い間「カイエ・ラショナリスト」の表紙にはこのゴヤの版画が使われた。ジャン＝シャルル・ド・フォンブリュヌの著作がベストセラーになったことで，国営ラジオ局フランス・キュルチュールの日曜日の放送（1981年10月25日）や，11月3日のFR3のテレビ討論会でノストラダムスが取り上げられた。これにユニオン・ラショナリストは反発を示した。

「薔薇の花が咲く時に……」

　1980年11月,無名の人物が書いた分厚い本『ノストラダムス——歴史家そして予言者』が,モナコのロシェ出版から発行された。著者ジャン＝シャルル・ド・フォンブリュヌは,ノストラダムス研究家マクス・ド・フォンブリュヌ博士の息子であった。出版社の期待に反して,この本は6ヵ月間で1万9000冊しか売れず,マスコミにも取り上げられることはほとんどなかった。

　状況が一変したのは,1981年5月に行われたフランス大統領選挙の後である。投票の前には,いつものように占星術師たちが選挙の結果を予想した。しかし,だれひとりとして社会党のミッテランが当選するとは予測できなかった。そんななかでフォンブリュヌは,「詩百篇」第2巻97番の四行詩を解釈して,「薔薇」に象徴される左派政権が誕生することを予想したのである。「ローマ教皇よ,近づいてはならない／二つの川が流れる都市に／そのそばで汝は自らの血を吐き出すであろう／汝とその郎党,薔薇の花が咲く時に」。こうして,フォンブリ

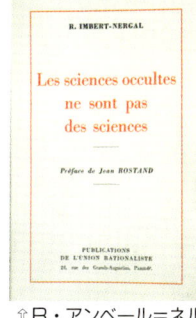

⇧ R・アンベール＝ネルガル著『オカルト科学は科学にあらず』(ユニオン・ラショナリスト出版,1959年) ⇩マイクの前のマダム・ソレイユ——雑誌の星占いが好評を博す一方で,ラジオの世界にもジェルメーヌ・ソレイユという売れっ子の予見者が現れた。ソレイユは1970年代にEurope 1が放送した番組に毎日出演した。

ュヌの著書は,一躍注目されるようになった。彼の本は社会現象となり,1日に5000冊も売れた。この年の夏,あらゆる主要な雑誌や新聞が,この本について記事を書いた。しかし,マスコミの論調はフォンブリュヌに対しても,彼の本に熱狂する人々にも批判的だった。多くのマスコミは,こうしたブーム自体が終末的で嘆かわしいと論じた。なぜ人々はこれほどフォンブリュヌの本に夢中になったのか? 書かれていた予言によってパニックに陥ったのだろうか,それとも過度な合理主義に反発していたのだろうか? 大衆とは何かを盲信してしまう存在なのだろうか?

⇧フランス社会党のシンボルマーク──社会党が拳と薔薇の図柄をシンボルとして採用したのは,1971年に開催されたエピネー大会以降のことである。薔薇は「赤(左派)の政党」を連想させる。

DOCUMENT PARIS MATCH
NOSTRADAMUS ENFIN DECRYPTE

教会の敵にして理性の敵

　ノストラダムスの予言を人々が容易に信じてしまうことに不安を覚えたのは,ジャーナリストだけではなかった。カトリック教会もただちに見解を発表した。ノストラダムスが生きていた時代と同様に,論争の焦点は予言の正統性にあった。教会のスポークスマンの1人によると,現代社会は西暦1世紀から2世紀にかけての混乱と似たような状況にあるという。2000年前にも,異教徒やキリスト教徒の預言者が数多く出現した。そのような混

沌とした情勢を教会が立て直し，預言に関することも含めて，司教の権威を確立していった。聖書に書かれている預言は「条件付きの脅し」であり，その「目的は詳細に立ち入ることではなく，人々に正しく振る舞うように呼びかけること」である。それに対して，ノストラダムスの予言は，「想像上のシナリオ」にすぎず，「数年先，さらには数世紀も先の未来を予知することができるかのように思わせる正真正銘の頭脳的な詐欺」なのである。以上が教会の見解だ。1981年9月5日には，枢機卿ロジェ・エチュガレーがキリスト教徒に対して，ノストラダムスの罠にはまるなという警告を発した。

しかし，『予言集』に対するさまざまな攻撃は，不安を食い止めるよりも，むしろ増大させた。教会や合理主義者による批判が過度に行われたため，予言を盲信することで社会が破滅に向かうという恐怖が，かえって増幅されてしまったのである。ノストラダムスは世界の終焉を予言したのではなく，世界の終焉をもたらす者であるかのように非難された。ノストラダムスを誹謗する者たちは，彼に教会や科学を危険にさらす能力を与えることで，逆に過大視してしまったのではないか？

ノストラダムス・ブームを批判する者たちは，予言を信じる心が宗教的信念や科学的確信に匹敵し，競合するという誤った前提に立っていた。実際には，予言を信じる気持ちと宗教や科学とは，性質も規模も異なっている。1981年に公表されたフランスの調査報告によると，『予言集』を信じていると答えた人はわずかに12％であり，世界の破滅が予告されれば，さまざまな面で自分の生き方を変更すると答えた人は4％にすぎない。ただし，こうした問題に関しては，「信じる」「信じない」という二つの答えの間には，さまざまな態度や感情が存在することを忘れてはならない。

☑ 自著『ノストラダムス──歴史家そして予言者』をもつジャン＝シャルル・ド・フォンブリュヌ──1981年，フォンブリュヌが書いた『ノストラダムス──歴史家そして予言者』は，その夏の話題を独占する本となった。マスコミはフォンブリュヌについて繰り返し論じた。朝刊紙「フィガロ」によれば，著者は「広告関係者がいうところの「未開拓市場」すなわち「不合理なもの」(という商品）を発見し，安心を求める「騙されやすい人々」という「購買層」を発掘した」。報道によると，こうした「高級住宅地の婦人たち」や「数百人の読者」は，予言を読んで恐怖におびえ，パリを離れてカナダやフロリダへ移住する計画を立てたという。攻撃にさらされたフォンブリュヌは，2巻目となる著書のなかで，ノストラダムスに関する本を書いた他の著者たちを批判している。「このようなすべての盗人たちは，私のことを侮辱するか，私を利用して自分の小さな貨車をフォンブリュヌという大きな機関車に連結した」。それ以降，フォンブリュヌは一つの確信を持つようになった。「ノストラダムスが息子セザールに書いた手紙は，私に宛てられたものなのである。セザールとは，実は私のことなのだ」。

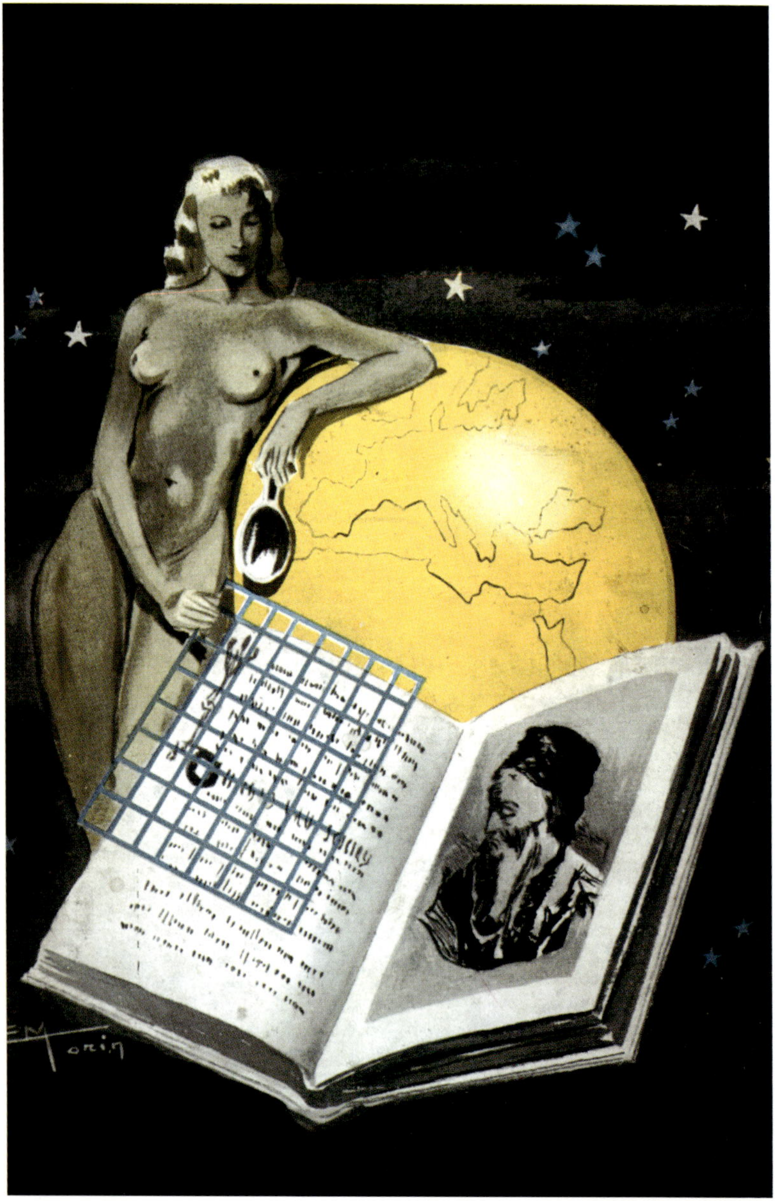

❖ノストラダムスが生まれてから500年たった現在でも, 彼の予言をめぐって数多くの解釈が試みられている。このような現象が変わることなくつづいていくことに, 人々は時おり不安になり, いらだつ。そのため, 初版以来『予言集』がどのように利用されてきたのかを検討してみる必要がある。なぜなら, ノストラダムスの予言に対する注釈やその利用の仕方は, 未来に起こることを示している以上に, その時代そのものへの問いを, すなわち現在への問いかけを表しているからだ。……………………………………

第 3 章

『詩百篇集』とその利用法

⇐ロジェ・フロントナック著『ノストラダムスの秘密の手がかり』の表紙 ⇒ギュスターヴ・ドレ作「謎」——『詩百篇集』を解釈しようとする者ならだれでも, その本来の純粋な姿で, つまり何も付け加えられていない状態で, 意味を再現してみたいという希望を抱いている。しかし, ノストラダムスの予言をそのように探求しようとすると, スフィンクスの謎と同様に, 試みの数だけ犠牲者が出る。なぜなら, 難解な四行詩の意味は, それを読む者の不安と期待を反映する形でしか, 姿を現さないからである。

『予言集』を理解するための手がかり

ノストラダムス・ブームに対して無数の批判が加えられたにもかかわらず、『予言集』の影響をはばむことはできなかった。そもそもノストラダムス研究の伝統は、彼の死の直後からすでに始まっていた。1594年、ジャン＝エメ・ド・シャヴィニーは『フランスのヤヌスの第一の顔』のなかで、ノストラダムスの伝記を書き記し、数多くの四行詩を学問的に分析した。この著作が重要なのは、予言を体系的に解釈しようとした点と、著者が晩年のノストラダムスの秘書であったことにある。17世紀になると、多くの者たちがシャヴィニーにならって、『予言集』を体系的に解読する手がかりを見つけ出そうとした。ノルマンディー地方の小教区の主任司祭ジャン・ル・ルーは、たった1人で『予言集』の文体と言語について完成度の高い研究を行った。1710年に出版され、現在でも権威とみなされている彼の著書は、文法、統語法、語彙について調査し、用いられている隠喩が聖書、神話、歴史のどこから引かれてきたのかを検討している。

ジャン・ル・ルーとその著書は、ノストラダムス研究が占めていた社会的な地位をよく表している。『予言集』の研究は、大学や学術機関といった公的組織の外にいる学者たちによって行われていたため、狭くて閉鎖的な世界のなかに閉じ込められていた。ル・ルーは自らの孤立とノストラダムスの不人気について指摘し、自分が置かれている状況について次のように分析している。「本の題名にノストラダムスと書かれているだけで、知的で、有能で、有徳なほとんどすべての人々から、ただちに拒絶され、口笛でやじられてしまう」。

しかし、『予言集』の注釈者たちが、彼らに

⇩『故ノストラダムス氏の『詩百篇集』および予言に関するボーヌのド・シャヴィニー殿による注釈…』——1563年5月7日の日付が入った、ノストラダムス宛ての手紙のなかで、晩年の彼の秘書シャヴィニーは書いている。「私はたしかに覚えているのですが、以前あなたは、私がある重要な人物の秘書になると私に告げられました。星辰がどれほどの幸運を用意してくれていたのか、私は知りませんでした」。ノストラダムスは自分の予言を実現するためにシャヴィニーを秘書として雇うだけでよかったのだ。

向けられた不評に関してなんの責任もなかったわけではない。彼らの解釈が近視眼的で、素朴であるために批判を招いたのであり、その結果彼らが持つ深い学識も埋もれてしまったのだ。このような欠点を克服しようとして、ル・ルーは「ノストラダムスがアンリ2世に献呈するふりをした書簡は、……〔ル・ルーと同時代の〕ルイ大王（ルイ14世）に送られたものだ」ということを論証するために、巧妙な説明を行った。

その後、ノストラダムス研究は、才気あふれる文献学者たちの関心を集めつづけた。しかし、『予言集』の言語や歴史的背景に通じた者であっても、自分が生きている時代の関心事にとらわれずに、客観的な視点から予言を解釈することはできなかったのである。

Au reste j'espere qu'on reconnoistra que j'ay tâché d'observer ici tout l'ordre & toute la methode possible, afin de donner plus de clarté, & d'éloigner le dégoût que pourroit causer une matiére aussi indigeste & confuse, & par consequent aussi rebutante qu'est celle que je traite.

いまここで

『予言集』の出版の歴史のなかにフランス政治史を読み取ることができるほど、混乱した時代が訪れるたびに、『予言集』が再版されてきた。フランス革命の時代にもノストラダムスへの関心が復活した。『閏年1792年用の王党派の暦あるいはノストラダムス師によって予言された反革命』と『共和派の魔術師あるいは1794年にヨーロッパが舞台となるであろう出来事に関する神託の暦』は、正反対の立場からノストラダムスを引用している。前者は王党派の立場から、革命を『予言集』

↑トマ・ウィク作「書斎の哲学者」
↑ジャン・ル・ルー著『ノストラダムスの手がかり……』、──ノストラダムスに対する信頼が失われようとしていることに気づいていたジャン・ル・ルーは、『予言集』の解読がいかがわしい研究ではないことを証明し、典型的な学者のイメージの言葉遣いで書いた。

のなかに描かれている災禍のひとつだとみなしている。一方、後者を著した共和派にとっては、旧体制(アンシャンレジーム)の崩壊は、ノストラダムスが予言した再生の周期が始まったことを意味する。頻繁に注釈の対象となったのは、ヴァレンヌへの国王一家の逃亡を予言したとみなされている四行詩ではなく、「アンリ2世への手紙」の次の一節であった。「1792年は時代の変革の時と信じられるようになるだろう」。たしかに、1792年9月21日に君主制が終わり、共和制が始まった。

ナポレオンの第1帝政のもとで、武力による征服が行われ、フランスの覇権のもと、ヨーロッパが再編されていく過程も、『詩百篇集』のなかに予言の言葉を数多く見出されていた。ノストラダムスは世界王国に君臨する「大君主」について、

VIIIᵉ. quatrain de la IIᵉ. centurie, sur la destrucion du fanatisme et de toutes les superstitions religieuses des prêtres de l'église romaine.

繰り返し言及しているのである。1806年、モンペリエ大学医学部の1人の医師が次のような題名の小冊子を出版した。『ノストラダムスによって予言されたフランス最初の皇帝ナポレオン、あるいはアンリ2世から華々しく君臨するナポレオン閣下までの歴史とノストラダムスの予言との新たなる一致』。

このような「大君主」への言及は、ナポレオン3世(在位1852〜1870年)の統治下でも利用された。1867年、アナトール・ル・ペルティエは、ル・ルーの仕事の延長線上に位置する「ノストラダムスの言語に関する用語集」と「謎の名詞の手がかり」を出版した。ル・ルーと同様にペルティエも、『予言集』のほんのちょっとしたことにも、自分が現在目撃している出来事が予言されているはずだ、と確信していた。たとえば、「詩百篇」第8巻43番の四行詩は、伯父ナポレオン1世と同じようにクーデターによって秩序を回復し、皇帝となっ

「詩百篇」第5巻48番は、王たちの弱体化と、彼らが現在引き起こしている災いについて予告している。「〈王杖の大いなる悲嘆の後に／二つの敵が自ら壊滅し／アフリカの艦隊がハンガリー人の前に現れ／海や陸で恐ろしい出来事が起こるであろう〉」『共和派の魔術師』(18世紀末)

「フランスをひっくり返した革命は終わりに近づいている。なぜなら、ノストラダムスの「フランス王アンリ2世への手紙」のなかでの予言によると、教会が受ける迫害は1792年に終わるのだから」。『閏年1792年用の王党派の暦あるいはノストラダムスによって予言された反革命』(下図)

♪ジョアネ・トリスメジスト著『ノストラダムスの予言……』♪カパソン作「ナポレオン3世の神格化」⇒『偉人の甥。ミシェル・ノストラダムスによる1850年用の暦』の扉、『予言集』を政治的に

第3章 『詩百篇集』とその利用法

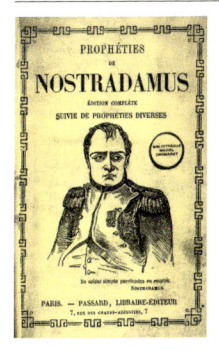

たルイ・ナポレオン・ボナパルトの出現を予言していると解釈された。「二つの不当なものの裁断により／血の繋がった甥が王国を占有するだろう／レクトゥールに投槍の打撃があり／甥は恐れをなして軍旗を畳むであろう」。1870年に普仏戦争でフランスがドイツに敗れると、『予言集』の注釈者たちはノストラダムスの著作のなかにドイツ没落の予言を読み取り、ノストラダムスを愛国的な大義のために利用した。このように『予言集』を通して得られる未来像は、常に現在の心配の種にとらわれたものでしかない。

利用しようとする企ては、たいてい自分の立場を正当化しようとする意志から生まれる。ブリュメール18日のクーデターを行ったナポレオン1世や、1851年12月2日のクーデターを実行したナポレオン3世（左図）は、民主的な正当性も、王家の血筋という正当性も持っていなかった。そこで、一部の支持者たちは、『予言集』の中に血のつながった伯父と甥が帝政を行うことを正当化する表現を読み取ったのである。

歴史家ノストラダムス

『予言集』が繰り返し出版されたことは、不確かな将来に対する不安の表れだとするのでは単純化しすぎるであろう。未来予測の研究にあえて身を投じた注釈者たちも、その探求の範囲をきわめて近い将来に限定していた。しかも、彼らは『予言集』の記述が現在や過去の事実と一致しているかどうかを検討することで、あくまでも事後的に予言を解釈した。『予言集』と歴史は、互いを明らかにするという二重の関係になっていたのである。

067

『予言集』を解釈するという行為は、〈日々の混沌とした出来事の裏には上位の秩序が隠されていて、その秩序を見抜くことは可能だ〉という歴史哲学の表れでもある。ノストラダムスの時代には、このような歴史概念を通じて、宗教戦争を世界の調和という観点のなかでとらえ直す傾向があった。デュ・ベレーに「フランスのプラトン」と呼ばれたルイ・ル・ロワは、1567年に『当代のフランス史と世界史に関する考察』を出版し、世界を支配している調和の諸原理を明らかにした。ル・ロワは、局地的、一時的な状況での混乱のせいで、世界の歴史が進歩していることを忘れてはならないという。ルネサンス期には、火器と印刷術が同時に発展したではないか。ノストラダムスも「アンリ2世への手紙」の最後の部分で、「神と人間の間で世界の平和が訪れ、悪魔は約千年の間、縛られたままになるだろう」と書き、幸福な結末を暗示している。

根源的な秩序を探求するという点において、ノストラダムスと彼の注釈者たちは共通している。『予言集』やその注釈は時代の不安の表れだが、「歴史はひとつの意味を持っている」と示唆し、世界から偶然性を排除することで、人々の不安を取りのぞくことができるのである。「ノストラダムスはそれを予言していた」と言うことで、偶然の出来事が必然に変わり、運命に組み込まれることで不幸が軽減されるのだ。

世界に生命を吹き込む

ノストラダムスの予言は、人間の運命の行く末を明らかにすることで、世界に生命を吹き込み、歴史を展開させる秘密の設計図を明らかにする役割を果たした。このような役割は

⇧トルネ゠シャヴィニーとノストラダムスに予言された60人の人物（19世紀）。——上の版画は、1878年に制作された「フランス政府におけるノストラダムスの影響」である。作者アンリ・トルネ゠シャヴィニーとノストラダムスの背景には60人の肖像（王、君主、軍人、聖職者など）が描かれ、これが『予言集』によって意味が与えられる歴史的な枠組みを示している。「1847年用の予言付き歴史暦」（右図）では、個人の人生のさまざまな節目が、予言者（右上）の指南のもとで世界史の経過と比較されている。ここでは、未来よりも、過去を理解しようとする配慮が優先されている。

時代や場所によっては，宗教，詩，哲学の言葉によって担われた。ときには，科学的な言説が『予言集』と同じような役割を果たすことさえあった。1883年にジュヴィジーの天文台を開設し，1887年にフランス天文学協会を創設したカミーユ・フラマリオンは，通俗的な科学書を数多く著した人物でもある。この天文学者にとって，天空とは天地創造の設計図を描いた知性の存在の証しでもあった。1894年，フラマリオンは『世界の終わり』と題された空想科学小説を出版した。その第1部では，25世紀に地球と彗星が衝突することで，大規模な災厄

が起こる様子が描かれている。このようなストーリーには，最新の科学データが組み込まれ，大災害がもたらす力学的，気象学的，政治的な結果が入念に分析されている。また，「世界の終わりを信じること」と題された章は，紀元千年の恐怖や，長年，受け継がれてきた終末論の伝統を思い起こさせる（このような終末論の歴史のなかで，ノストラダムスは特異な地位を占めている）。フラマリオンは終末論の伝統を批判的な眼差しで分析したうえで，終末論で描かれた混沌や天災地変を自分の小説のなかに取り入れた。しかも彼の小説では，予言者の思索に代わって，科学的な計算がストーリーを生み出しているのである。

『世界の終わり』の第2部では，実際に世界が終わってしまった1000万年後の未来が舞台になっている。その頃の地球はいわば瀕死の状態にあり，地球上から徐々に生命が消えていく。人間に関しても，生き残っているのは男女1人ずつだ。小説の最後で，2人は愛の力によって変容し，木星に運ばれ，そこで新しい人類の礎(いしずえ)を築くことになる。このような宇宙にまで舞台を

広げる神秘的な物語を構想することで，フラマリオンは予言ではなく科学的な手法を用いて，ノストラダムスの後継者となったのである。

科学が示した恐怖

天文学と占星術は，現実世界を理解するための枠組みとして，その基盤や方法がまったく異なったものであったにしても，未来をも含む世界を包括的に把握するとき，土台になるという点では類似しているといえるだろう。20世紀の終わりに，『予言集』に対する関心が再び高まったのは，小惑星の衝突や自然環境の破壊などについて科学が警鐘を鳴らしたからである。つまり，今度は科学の方が世界の破滅を予言しているのだ。

1974年，雑誌『ネイチャー』で共同執筆者ジョン・グリビンとNASAゴダール宇宙センターのスティーブン・プレーガマンは，惑星—特に木星と土星—が一列に並んだ場合の影響について論じた。彼らの著書『木星効果』は，惑星直列によって天変地異が起こる可能性があると予想している。つまり，カミーユ・フラマリオンによると，天体の運行も人間の運命も，同じ法則に支配されている。すなわち，万有引力の原理は宇宙のレベルにも，原子のレベルにも適用することができ，精神に対しても影響を及ぼすというのである。愛という精神的な現象を物体落下という物理的な現象の一種として理解する考え方は，物理学と形而上学を一致させる特異な説明方法である。フラマリオンがイメージする「世界の終わり」とは，地球の物理的な衰弱であるとともに，人類の精神的な枯渇を意味していた。このように，機械的に連鎖していくさまざまな現象を予測することは，ある意味では予言の一種といえる。

⇦「世界の至高の死神」(中央図)と「悲惨な人類は寒さで滅びるであろう」(左下図, 上図)。1894年に出版された『世界の終わり』の挿絵。

フラマリオンと同じように，あるいはフラマリオン以前の多くの占星術師や予言者と同様に，天空の変調によって天変地異が生じると考えているのである。1992年，雑誌『科学と未来』は，天文学者ウーディエが発見した小惑星トゥータティスについて特集を組んだ。表紙のイラストや見出しは，まるでノストラダムスの予言のように，「2000年9月26日に小惑星が地球に衝突か？」と危機感をあおっている。しかも，「世界の終わり」と題された記事では，自然環境の破壊や人口爆発へと話題が展開してゆくのである。その後，NASAの研究者たちがハリウッド映画のプロデューサーに協力して，「アルマゲドン」や「ディープインパクト」といった小惑星の衝突をあつかった映画が制作された。

地球に衝突する小惑星——6500万年前に，隕石が地球に衝突したことで恐竜が絶滅したという仮説から影響を受け，文明崩壊のシナリオが再び注目されるようになっている。映画「アルマゲドン」は，小惑星を爆破することで，地球への衝突を回避するという決死の任務を描いている。しかし，爆発した小惑星の破片が地上に降り注ぎ，パリをはじめとするいくつかの町は壊滅する。

ノストラダムス研究会

　一部の科学者たちがセンセーショナルなものの魅力に抗し

きれなくなる一方で，ノストラダムス研究を取りかこむ障壁は除かれていった。1950年代の中頃から，ペルー人のダニエル・リュゾによる研究のおかげで，ノストラダムスの人物像とその著作についての知識が深化してきた。交霊術に魅了されていた元実業家のリュゾは，1957年に隠退してから亡くなるまで，神秘主義の書物，特にさまざまな版の『予言集』の収集に財産をつぎ込んだ。1973年には，1200点以上の書物を収集し，先人たちが手に入れることのできなかった深い学識を示して，実際の出版年以前の日付が刻まれた書物や，さまざまな誤りを指摘した。彼が出版した『黙示録の最後の日々』の第3部は，ノストラダムスとその年譜の記述にあてられている。

1983年2月8日，「ミシェル・ノストラダムス研究会」が官報に載った。会の目的は，「ノストラダムスの記憶が失われないように奉仕し，彼と彼の生涯をよりよく理解することに貢献し，彼の精神に反する歪曲や通俗化に反対する」ことであ

◁ 大災厄のパリ（映画「アルマゲドン」，1998年）――NASAの一部の専門家は，小惑星が地球と衝突する可能性を心配し，小惑星の接近を描いた映画の制作にアドバイザーとして協力することで，その危険性を人々に知らせた。大衆が小惑星の危険性を知ることで，宇宙を科学的に監視するための予算にも影響が出てくるかもしれない。

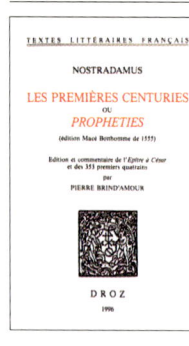

る。会の事務局には、秘教的な教説に精通した人々の間では有名な2人の人物が含まれていた。「ラ・トゥール・サン＝ジャック」の創設者ロベール・アマドゥーと、『詩百篇集』の複数の版を編んだセルジュ・ユタンである。1984年には、会長であるミシェル・ショマラが、『ノストラダムス年譜目録』の著者であるロベール・ベナズラの序文をつけて、1555年版の『予言集』を翻刻した。会報「カイエ・ミシェル・ノストラダムス」の第1号で、会のメンバーたちは、ジャン＝シャルル・ド・フォンブリュヌの金儲け主義と愚かな注釈は迷惑なものだと、フォンブリュヌに反対する態度を表明した。

『予言集』から劇的な要素を排除する

 ノストラダムス研究会の姿勢は、どっちつかずの態度だと言えなくもない。たしかに、彼らはノストラダムスの「歪曲や通俗化」に反対してはいるが、だからと言って、ノストラダムスに予見能力があったことを否定しているわけではないからだ。根底では予言能力を信じている彼らの考え方と、彼らが批判している逸脱した注釈とを、どのような基準で区別したらよいのだろうか？　どちらに真実味があるかで争うことは適切ではない。それでも、現在行われている学問的な注釈はこれまで繰り返されてきた偏向とは縁を切っている。その結果、ノストラダムスの著作の歴史的・批判的分析と、解釈に混入してしまうさまざまな意図や野心を切り離すこ

⇦ピエール・ブランダムールによる校訂と注釈のノストラダムス著『初期詩百篇集すなわち「予言集」』（1996年）。⇩ノストラダムス研究会会報『カイエ・ノストラダムス』（1985年）──ウィーンのオーストリア国立図書館に保管されている1555年の初版本に基づいて、歴史家ブランダムールが『予言集』のすぐれた校訂版を出版したのは、ようやく1996年になってからのことである。これ以前、1984年には、ミシェル・ショマラが創設し、会長を務めているノストラダムス研究会によって、アルビの公立図書館に保管されている版に基づいて、『予言集』の初版本が出版されていた。その数年後、ノストラダムス研究会は、1557年版の『予言集』のファクシミリ版も出版した。1983年以降、この会はノストラダムス研究の刷新に貢献してきた。

第3章 『詩百篇集』とその利用法

⇦ノストラダムス展のポスター
⇩ヴァーチャル展のサイト・トップページwww.bm-lyon.fr/expo/nostradamus/。ーーノストラダムスの著作は、書店の秘教関係の本棚を離れ、歴史書の棚に置かれることになるのか。ノストラダムス研究が刷新され、そのような方向が見えてきた。ミシェル・ショマラは、『詩百篇集』の各版やノストラダムス関係のあらゆる文献を根気強く収集し、1997年にリヨン市立図書館で開催された「危機の時代のための予言」展などの企画にも関わってきた。(同図書館には、ミシェル・ショマラ・コレクションが所蔵されている)この催しの期間中には、ノストラダムスを研究している学者たち(ピエール・ベアール、ジャン・デュペーブ、マリー＝リュス・ドモネ)による「ノストラダムス、詩人そして予言者」と題された円卓会議も開かれた。

とができるようになった。このような意図や野心は完全には排除できないが、文献やその信頼性を批判的に扱う方法の妥当性に悪影響を与えることはもはやない。フォンブリュヌが『予言集』やその背景を自分に都合が良いように歪曲しているのに対して、ノストラダムス研究会はあくまでも歴史的・文献学的に論証しているため、アカデミズムの世界に近づきつつある。

075

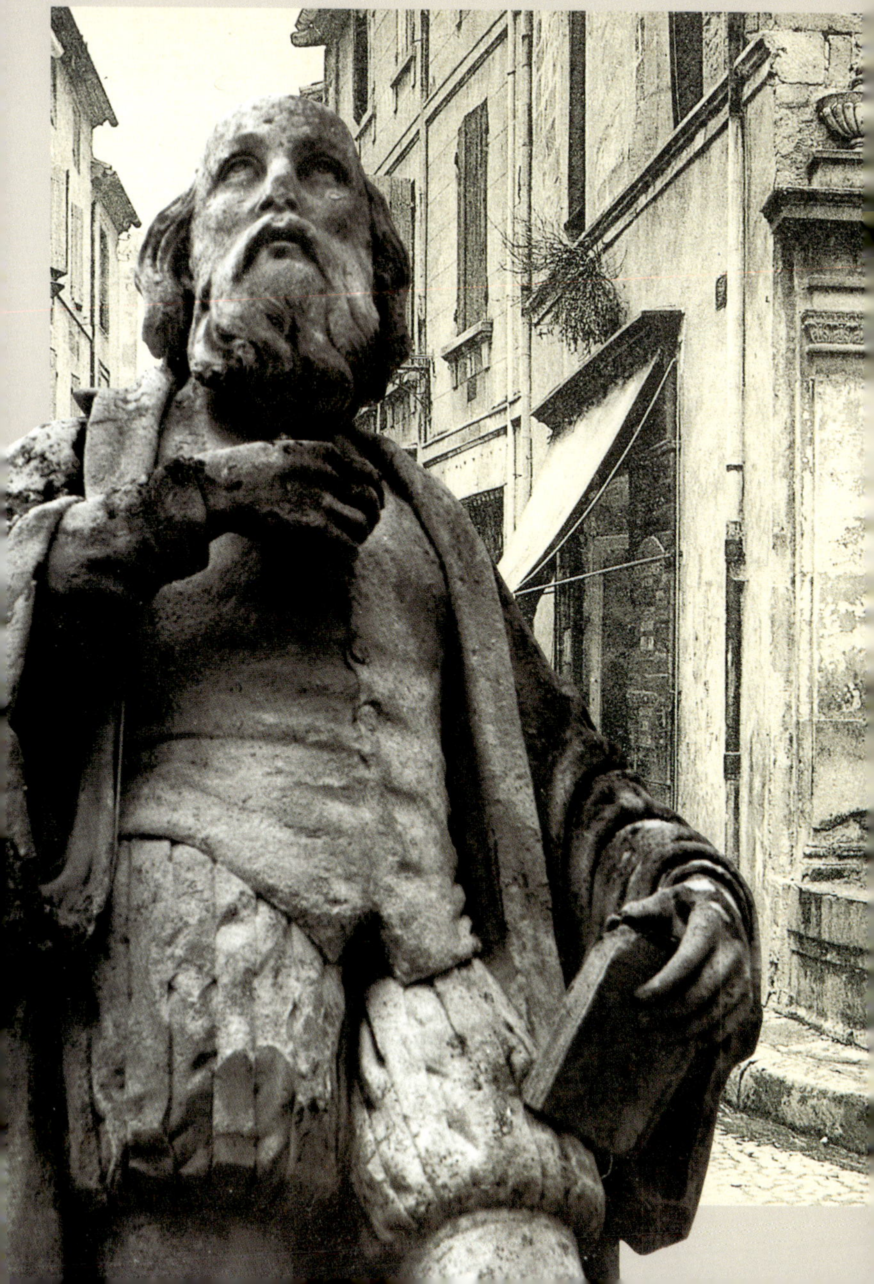

第3章 『詩百篇集』とその利用法

ノストラダムスが生まれたサン＝レミ＝ド＝プロヴァンスと、彼が生涯の大半を過ごしたサロン＝ド＝プロヴァンスは、19世紀以降、ノストラダムスの記憶と結びつけられるようになった。サン＝レミ＝ド＝プロヴァンスには、ノストラダムスの泉（中央図）がある。一方、サロン＝ド＝プロヴァンスには、1900年代にジョゼフ・レーが制作した彫像（p.76）と、1964年にフランソワ・ブーシェが制作し、1999年に修復された彫像（左図）が立っている。フランス革命のときに掘り起こされたノストラダムスの遺骸は、1791年にサロン＝ド＝プロヴァンスのサン＝ローラン参事会教会に安置された。

077

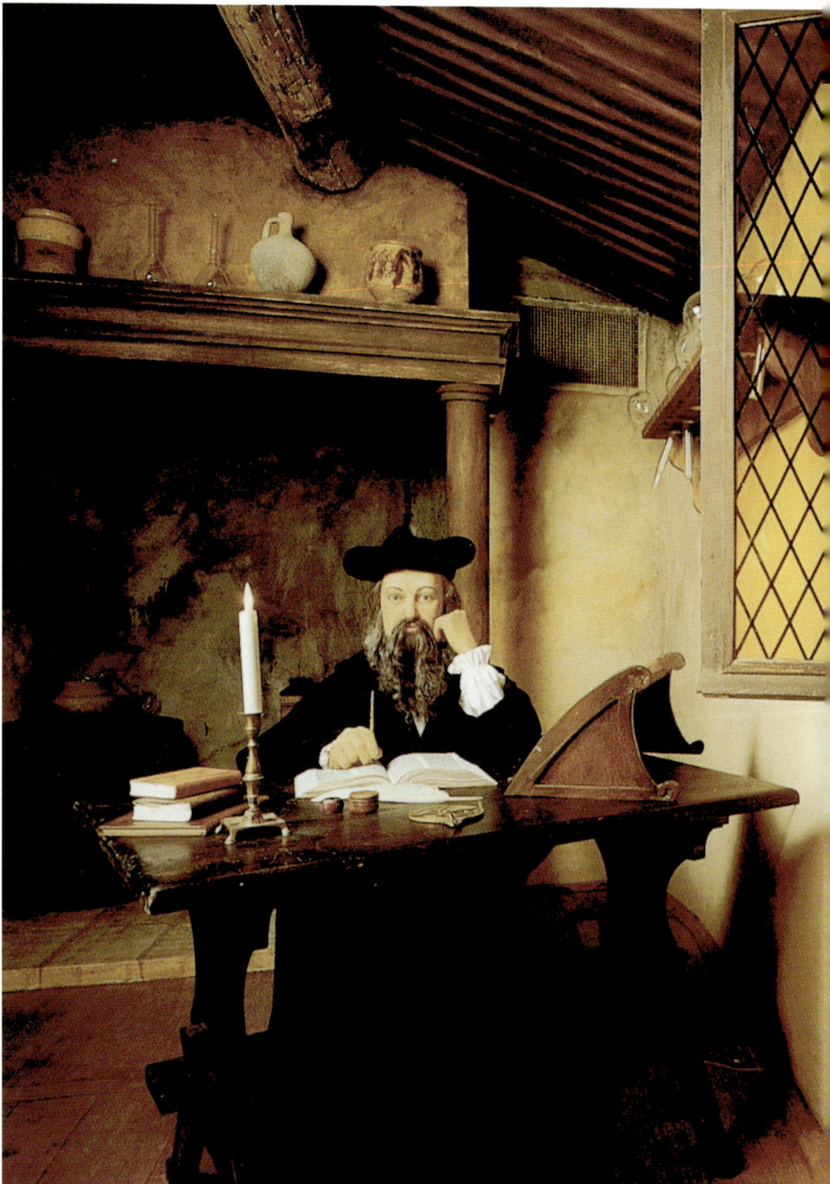

⇐書斎で『詩百篇集』を書くノストラダムス（蠟人形、「ノストラダムス記念館」）⇑「ノストラダムス記念館」の金属プレート──ノストラダムスが暮らした場所は、町の政策として文化財のあつかいを受けてきた。1547年から他界する（1566年）まで彼が住んでいた住居は、1973年になってサロン＝ド＝プロヴァンス町に買い戻され、修復が施されて、1992年には「ノストラダムス記念館」となった。現在この記念館では、彼の生涯の主要なエピソードを、蠟人形を使って再現している。この記念館は、オカルト雑誌が広めてきたノストラダムスのイメージを払拭して、ルネサンス人としての彼の人物像を再評価するために造られた。

事実，16世紀の文学史を専門にしている一部の研究者は，ノストラダムスをその本来の姿のままに，すなわちルネサンス期の重要な著述家の1人として考察している。『予言集』のなかに世界が終わる日付を探したり，その著者を激しく攻撃したりせずに，ノストラダムスという歴史的な人物を中立的な見地から眺めることで，偏見から解放された研究が可能となるのである。

■高名な学者が語る『詩百篇集』

1984年，神話学の著名な研究家で，コレージュ・ド・フランス教授のジョルジュ・デュメジルは，ノストラダムスに関する本を出版した。デュメジルは，1791年にルイ16世がヴァレンヌへ逃亡したことについて言及していると思われていた四行詩に興味を示した。「夜，レンヌの森に来るだろう／ヴォトルト，エルネ，ラ・ピエール・ブランシュを通って／灰色を着たヴァレンヌの黒い修道士が／長(おさ)に選ばれ，嵐，火，血，切断を引き起こす」(第9巻20番)。デュメジルは，この詩の細部に数多くの興味深い点を見出し，16世紀の文章とその200年後の事件との類似性を分析している。「灰色を着た黒い修道士」は，灰色の服を着た孤独な人，ルイ16世を意味し，「長(cap)に選ばれ，嵐を引き起こす」は，革命の際に一時立憲君主となったこのカペー朝の王(capétien)を暗示している。しかも，ルイ16世は夜に逃亡し，ヴァレンヌで捕まった。「火，血，切断」は，騒然とした時代の雰囲気やギロチンの発明などを表している。

コレージュ・ド・フランスの宇宙物理学者ペケルが指摘するように，デュメジルによるノストラダムス試論は「悪い冗談」なのだろうか？　ジャーナリストのエリボンとの対談のなかで，デュメジルは次のように語っている。ノストラダム

↓ヴァレンヌでのルイ16世の逮捕──「夜中の11時に，ベルリン型馬車はヴァレンヌに入った。……王はただちに本人であることが確認され，厳重に監視されて，強制的に連れ戻された。翌年，国民公会─新憲法のもとで主権を持った人民が選出した最初の議会─は王政を廃止し，王室に対する暴力を黙認し，次いで自ら暴力を企てるようになった。つまり，ルーヴル宮の中庭に大砲が撃ち込まれ，王室を警備するスイス傭兵が虐殺され，その後もあらゆる規模のテロが行われた」。デュメジル著『……灰色を着たヴァレンヌの黒い修道士』(上図版)

スへの言及は、あくまでも気晴らしだったのだが、それでも「私たちの世界認識」には限界があることをまじめに論証しようとしたのだ。これまでとは違う新たな物理学が創設されることで、現在謎とされている現象がいつの日にか説明できるようになるのではないか。つまり、理解不可能な現象について情報を収集し、脳の内部で起こる現象を解明する未来の学問によって、その謎を明らかにしていく必要があるのだ。
——結局のところ、長い間崇拝と軽蔑が対立してきた戦場から『予言集』を救い出すためには、デュメジルがもつ権威が必要だったのである。

⇐ジョルジュ・デュメジル——デュメジルによる「ノストラダムスの茶番劇」(デュメジルの著書の副題)は、学識豊かで魅力的な論証によって、『詩百篇集』のテキストを見事に分析している。ただし、革命期のさまざまな出来事のなかで起こったルイ16世のヴァレンヌ逃亡以外の出来事の意味については、それほど入念にはあつかっていない。血なまぐさい革命の殉教者としての王というイメージは、自明なものと見なされ、ノストラダムスの詩もこのイメージに従っているはずだとする。これは多くの注釈者が陥る悪い癖だ。すなわち、歴史的な出来事を侵すことのできない一義的な現実としてとらえ、そのような一義的な解釈しか許さない現実から出発して『予言集』の意味を探究してしまうのである。『予言集』を読むことは、つねに歴史を顧みるという行為に他ならない。

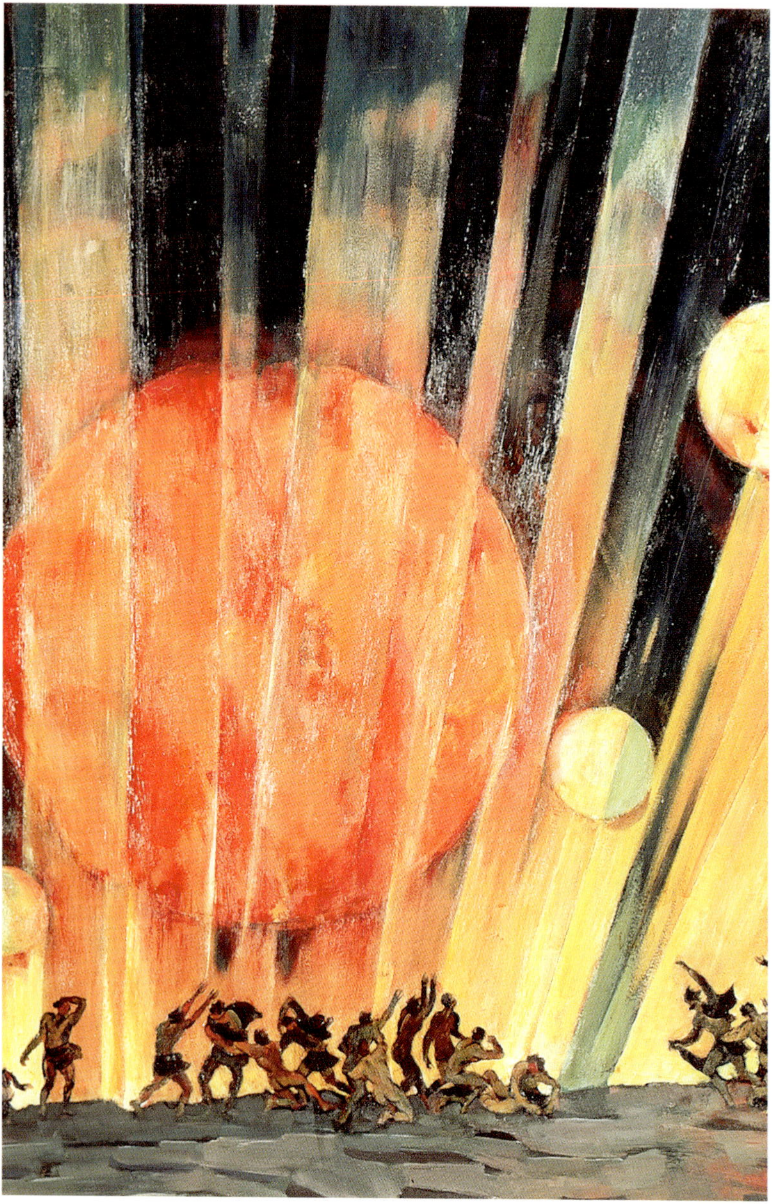

❖20世紀の後半を通じて、ノストラダムスは世界的な名声を獲得するようになった。『予言集』の解釈は無限に可能なので、ナチスのプロパガンダのために利用されたり、共産主義の瓦解を予言するために使用されたりもした。紛争と信仰のグローバル化を背景にして、「2000年紀」にはいったのを節目に、ノストラダムスの変わることのない現代的な意味を確認し、新しいメディアの時代へ『予言集』が適応できるのかを検証する絶好の機会になった。

第 4 章

世界の予言者ノストラダムス

⇦コンスタンチン・フョードロヴィチ・ユオン作「新惑星」──1921年にロシアで制作された絵画。ノストラダムスの四行詩のような黙示録的な世界を表現したものであり、時代の雰囲気をよく表している。不安や恐れや希望が蔓延していた時代に、人々は再び『予言集』を参照するようになり、無数の注釈を生み出した。

⇨日本で出版されたノストラダムスを利用した文献

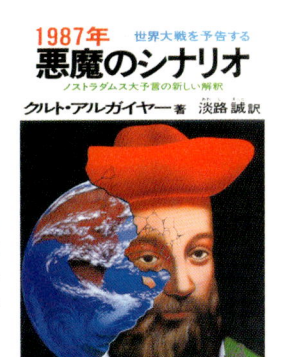

フランス以外でのノストラダムス

『予言集』はフランス語で書かれているにもかかわらず，世界中に読者を持っている。一方，ノストラダムスの予言も，ルネサンス人が知ることのできた世界全体に言及している。ノストラダムスは祖国フランスに特権的な地位を与えているが，ヨーロッパや地中海，さらにはオスマン帝国やアジアについても述べている。ただし，サハラ以南のアフリカや新大陸については言及されておらず，南極周辺の島々はまだ発見されていなかった。

ノストラダムスの名声は，かなり早い時期からフランスの外に広がっていた。1554年にはニュルンベルクで，「ミヒャエル・ド・ノートル・ダム」という署名入りの，ドイツ語で書かれた瓦版が印刷された。

『予言集』が最初に英語に翻訳されたのは1672年のことであり，翻訳者はこの本がヨーロッパで獲得していた高い評価を記している。それにもかかわらず，ノストラダムスの予言を利用しようとする傾向は，長い間フランス特有の現象であった。『予言集』が世界各地で熱狂的に読まれるようになるのは，第2次世界大戦の頃からなのである。

1930年代には，「危機の高まり」に応じて，ノストラダムスに対する関心が再燃した。ヨーロッパでファシズムが拡大するにつれ，人々は新たな世界戦争の勃発を恐れるようになった。モーリス・プリヴァによって運営された雑誌『推測に基づく学問誌』の主要なテーマも，目前に迫る世界戦争であった。

フランスをはじめ，ドイツやベルギーでも，さまざまな雑誌が占星術師たちの国際的なネットワークの中継地となり，占星術師は国際政治の解釈者としての地位を確立した。サルラの医師であったマクス・ド・フォンブリュヌ博士〔3章で登場したジャン゠シャルル・ド・フォンブリュヌの父〕の著作も，このような状況のなかで出版されるのである。

⇩イギリス王チャールズ1世の処刑とロンドンの大火災。——1668年にアムステルダムで印刷された『予言集』の扉には，イギリス王チャールズ1世の処刑（1649年）とロンドンの大火災（1666年）が描かれている。ふたつの事件は予言が現実のものとなった典型的な例と見なされ，ヨーロッパ中で反響を呼んだ。

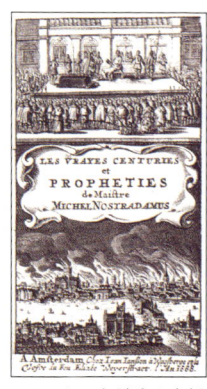

⇒ファシスト連合の本部外壁のムッソリーニの仮面——ファシズムの拡大と不合理なものへの関心の高まりは，関連づけられることが多い。ファシストの集団催眠的な行為は，神秘主義思想と関連づけられる。ただし，ファシストは，自分たちに不都合な予言や大衆が不合理なものに引かれる傾向を監視していた。

（p.85上）クリスティアン・ヴェルナー著『ノストラダムスの神秘』(1926年)

増大する脅威と不安

　1934年、マクス・ド・フォンブリュヌは、見知らぬ人物から1605年版の『予言集』を手渡され、ノストラダムスの世界と出合った。「アンリ2世への手紙」のなかの「ローマ教皇領、ゲルマニア、スペインでは、……軍人の手でさまざまな宗派が作られる」という一節を読んだフォンブリュヌは、イタリアのムッソリーニやドイツのヒトラーのように、スペインでもフランコが独裁者になると確信した。

1914-19...??
LES PRÉDICTIONS
SUR
L'AVENIR PROCHE
DE LA FRANCE
par A. DEMAR-LATOUR

PROPHÉTIE DE PRÉMOL. — PROPHÉTIE D'ORVAL. — PRÉDICTIONS DE MICHEL DE NOSTRADAMUS. — PRÉDICTIONS DE DANTE. — PRÉDICTIONS DE WERDIN D'OTRANTE. — PRÉDICTIONS DE PLAISANCE. PRÉDICTIONS DE BERNARD DE BUSTIS. — PRÉDICTIONS DE R. GILTHER. — PROPHÉTIES D'HERMANN. PROPHÉTIE DE MAYENCE. — PROPHÉTIE DE SAINT-REMI. — PRÉDICTIONS DE CURÉ D'ARS. — PROPHÉTIES DE SAINT-MALACHIE. — PROPHÉTIE DE SAINTE-HILDEGARDE, ETC., ETC.

La Guerre de 1914

Le Traité de Paix de 19..

Comment se réali...
en ce moment mêm...
LA FIN
DE
L'EMPIRE
ALLEMAN...

annoncée par plusieurs Pr...
célèbres, précises et conco...

(Prophétie d'Hermann – Prophétie de Mayence – Prédi...

par
J.-H. LAVAUR

ÉDITION NOUVELLE
Faisant suite (en les complétant)
Éditions de 1912 et 1913, détermi...
bres, les événements actuels vérifian...
manières éclatantes, les documents pu...
tiques et les interprétations qu'elles...
saient.

Prix : 1f 25

ÉDITIONS PRATIQUES
66, rue d'Aboukir...

LES PRÉDICTI...
SUR
LA FIN
DE
L'ALLEMAG...
réunies et commentées par
R. D'ARMAN

PRÉDICTIONS DE
Hermann — de Strasbourg — Nostradamus — Prophétie du Frère Johanes — de l'Antéchrist — Père Marie, curée — Rudolphe Gilther — Liébin — Soufrand — Château de l'Olive — Curé d'Ars — Orval — Prémol — Père Kozieniecki — Fiensberg — Mayence. — Frère Antoine — Général X... etc.

Prédictions de Mme de Thèbes et de Mme Lenormand

ÉDITIONS ET LIBRAIRIE, 40, Rue de Seine – PAR...

Prix : 1 fr. 5...

1f. le Numéro

Nostradamus
Revue de Science Co...

La Disparit...
de l'Emp...
Britanni...

1f. le Num...

Nostradam...
Revue de Science...

André Ta...
le chef du...
autoritaire q...
cet automne

1f. le Numéro

Nostradam...
Revue de Science Co...

La
disparit...
de Par...

---

no...

200 mil...
vo...

ふたつの世界大戦間の予言

ふたつの世界大戦にはさまれた時期に、占星術関連の雑誌や書籍は、国際関係の未来や高まる戦争の気配についての予言を数多く掲載した。こうした出版物において、ノストラダムスはもちろん特別な地位を与えられた。表紙にはヒトラーやムッソリーニやフランコの名前が繰り返し登場し、彼らの誕生日のホロスコープが分析され、『予言集』のなかに彼らの名前や運命に関する言及がないかが調べられた。たとえば、「大ゲルマニアの首領」(第9巻90番)はヒトラーを意味し、「ラテンの君主の他界によって」(第5巻21番)という一節は、イタリアのファシスト政権の崩壊を暗示していると考えられた。各国の政治的、戦略的な状況をこのように予言することで、世界の未来や戦争の勃発と結末についての見通しを示し、一部の世論形成に影響を与えた。

⇐両大戦間の世界の未来を予言したさまざまな雑誌

1938年，フォンブリュヌはサラの小さな出版社から『予言集』の注釈書を発行した。この本はドイツ占領下のフランス政府（ヴィシー政権）を不安にさせるほどのベストセラーとなり，1940年には発禁となり，組版も破壊された。第5巻17番の四行詩がヒトラー失脚を予言したものと解釈されていたので，ヴィシー政権はドイツ占領軍の不興をかうことを恐れたのである。「夜に王は狭路のそばを通る／有力者であるキプロスの王は様子を窺っている／王は失敗して，軍隊はローヌ川沿いに逃走する／共謀者たちは彼を殺すだろう」。この四行詩をフォンブリュヌは次のように解釈した。「（ドイツの）首領はアール山塊ヌシャテルのローヌ川の水辺で夜を過ごす／放蕩男は様子をうかがっている／しかし，一度政府が倒れると，（敵）軍はローヌ川を遡って潰走する／（このとき）共謀者たちは彼を殺すであろう」。

　同じ理由で，E・リュイールの著書『ノストラダムスの予言に基づいた1938年から1947年までの大虐殺』も発禁になった。このような混乱した時代になると，予言は政治的な重要性を増す。1938年以

> Ce livre finissait d'être imprimé lorsque les Allemands sont arrivés en 1940 dans notre région.
> Comme il prévoyait leur défaite et qu'il était dangereux de le répandre, nous l'avons soigneusement tenu caché pendant l'occupation. Dissimulé sous une pile de bois de chauffage, il vient enfin de réapparaître à une date peu éloignée de la Victoire des Alliés, corroborant ainsi la prédiction annoncée pour 1945.
>
> 　　　　　　　　　L'IMPRIMEUR.

降，フランス内務大臣は著名な占星術師M・プリヴァに依頼して，政府にとって都合の良い予言をさせた。しかし，皮肉にも『1940年，フランスの栄華の年』が出版された直後に，ドイツ軍によってパリは占領された。

⇦マクス・ド・フォンブリュヌ博士著『ミシェル・ノストラダムス師の予言』
——戦争末期になって，フォンブリュヌの本は対独レジスタンス組織によって再刊された。レジスタンス側では，この本は歓迎されたのだ。反ドイツ感情を表現するためにノストラダムスを利用したフォンブリュヌは，レジスタンスのシンボルとなった。戦後マスコミは，フォンブリュヌがヴィシー政権の首相ラヴァルと対決したと強調した。

⇘F・ド・シャティヨンの著作の帯

⇦ベルリンで演説するゲッベルス（1943年1月）——ゲッベルスに率いられたドイツ帝国の宣伝省も、オカルト思想や占星術の人気が高かったことをよく知っていた。ゲッベルスはそうしたものに関心を寄せてはいたものの、その反面不安も抱いていた。権力に敵対するような予言が広まった場合には、それを抑制しなければならない。それでも彼はプロパガンダとして利用するために、占星術で他国の国家元首を占い、彼らが将来失脚することを明らかにした。

「（私たちが作成した）計画は、どれほどオカルト学者を私たちのプロパガンダに利用できるかを明らかにしてくれている。アメリカ人やイギリス人は、容易にこの種の罠に陥る。そのため、探し出すことができるかぎりにおいて、謎めいた予言に関するあらゆる専門家を徴募しているところだ。もう一度ノストラダムスを引用しよう」。ゲッベルスの日記、1942年5月19日

ノストラダムスは戦争へと姿を消す

ドイツ占領軍に協力的であったフランスのヴィシー政権が、反ドイツ的な予言の広まりを防ごうと頭を悩ませていたとき、逆にナチスは大衆の予言に対する関心を利用しようとしていた。「第三帝国」（ナチス・ドイツ）という神話は、古くから伝わるキリスト教の千年王国の伝承から着想を得たものなので、『予言集』のなかにナチスを正当化する言葉を見つけ出すことはたやすいことであった。ナチスの宣伝相ゲッベルスは、占星術や予言の出版を厳しい監視下に置きながらも、それをナチスの宣伝のために利用しようとした。反ユダヤ主義者で、ドイツ帝国の賛美者であったスイス人の占星術師カール・エルンスト・クラフトは、ナチスの帝国保安本部に協力した。1940年から1941年にかけて、クラフトは注釈をつけた『予言

⇦チューリッヒのカール・エルンスト・クラフト――クラフトは，1900年5月10日にスイスのバーゼルで生まれた。最初は科学の道を志し，バーゼル大学の理学部に進んだが，すぐに占星術と出会った。占星術が科学的な基盤を欠いていることに失望したクラフトは，統計学を使って天体と生命現象の間に対応関係があることを証明することで，占星術を合理的なものに変えようとした。このこころみの中で，クラフトはノストラダムスの予知能力に関する理論を練り上げた。それによると，ノストラダムスは「占星術上の双子」，つまり彼自身のホロスコープと占星術上のつながりがある人々と関係があっただけに，よりいっそう未来を察知することができたのである。

⇩カール・エルンスト・クラフト著『いかにしてノストラダムスはヨーロッパの未来を予見したか？』(1941年)

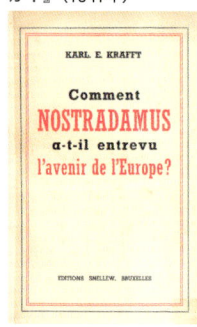

集』を出版し，そのなかでヨーロッパはナチスに支配されると予測している。しかし，ナチスと良好な関係を維持することができず，ヒトラーに対して陰謀を企てたと何度も批判され，彼の予言は厳しく検閲されるようになる。1941年6月12日，クラフトは逮捕・投獄され，厳重な監視のもとでプロパガンダ用のホロスコープを作成しなければならなくなった。最後にはオラニエンブルクの強制収容所に送られ，さらにはブーヘンヴァルトに移送され，1945年1月に死去した。

　ナチス政権は，自分たちの行いに確信を持ち，またプロパガンダに利用するためにも，ノストラダムスと占星術に特別な関心を示した。だが，このような強い関心のために，あら

ゆる種類の予言に対して極端に敏感になっていた。1941年、ルドルフ・ヘスによる裏切りの後、数多くの占星術師がクラフトと同じ運命をたどり、彼らの活動は厳しく監視された。その一方でドイツ軍は、フランス国内でノストラダムスの予言が書かれたビラをまくという作戦を行った。1943年、イギリス政府はドイツに対抗して、ナチスの指導者たちのホロスコープをドイツ語で作成し、偽の占星術雑誌や『ノストラダムスが戦争の経過を予言する』と題された典拠の疑わしい予言書をばらまいた。長い間内政の道具として利用されてきた『予言集』が、こうして戦争に利用される武器となったのである。

↓1940年8月2日にドイツが投下したプロパガンダ用のビラを読むイギリス兵——戦争中、ドイツ軍はイギリス上空から数多くのビラを投下し、逆にイギリス軍もドイツ上空から多くのビラをばらまいた。こうしたビラのなかには、ノストラダムスの偽の予言が書かれたものもあった。

グローバリゼーション

第2次世界大戦は、『予言集』の普及にとって大きな転換点となった。ノストラダムスの名はフランス以外の場所でもすでに知れわたっていたが、戦争を契機に世界各地でノストラダムス・ブームが起こり、彼の著作とかけ離れた思想にも強い影響を与えるようになった。20世紀の後半になって、ノストラダムスの著作はほとんどあらゆる言語に翻訳された。現在では、フランスはもちろん、アメリカ、日本、インドでも『予言集』を読むことができる。一方、東欧の人々にとって、『予言集』は共産主義の崩壊を暗示する希望の書であった。1981年の夏、ジャン=シャルル・ド・フォンブリュヌの本が爆発的に売れていたころ、ノストラダムス研究者や秘教主義者の間では、むしろルーマニア人のヴライク・イオネスクの著作が高く評価されていた。

アメリカに亡命したイオネスクは、1976年に出版した著作のなかで、『予言集』の多くの四行詩を共産主義について言及したものと解釈した。1987年に出版した2冊目の著作では、1991年に共産主義が崩壊すると予測している。ヘルメス思想を研究している哲学者レイモン・アベリオは、この本の序文で「このような研究の大きな意義」に敬意を表し、「私たちはヴライク・イオネスクの解釈の妥当性を検証するのに、長く待つ必要はない。彼はソ連の共産主義が崩壊する日付を1991年6月と設定しているのだから」と書いている。日本では、この予言がとくに注目された。1991年、筑波大学の竹本忠雄教授は、イオネスクの著書を翻訳した。同年、ミハイル・ゴルバチョフが日本を公式訪問したとき、イオネスクは日本のテレビ番組に招待され、ソ連の共産主義が崩壊するのは9月だと日付を明言した。実際に、1991年の夏、ゴルバチョフが監禁されるクーデターが起こり、ボリス・エリツィンが権力を掌握したことで、イオネスクの名声は大いに高まった。

1993年、イオネスクは3部作の最後の一冊を、ジャーナリストのマリー゠テレーズ・ド・ブロスとの共著の形で出版した。この本のなかでド・ブロスは、多くのフランス人と同様にイオネスクの仕事を知らなかったばかりに、ジャン゠シャルル・ド・フォンブリュヌの成功に寄与してしまったと後悔している。

黙示録への回帰

日本でのノストラダムス・ブームは、まったく異質な出来

⇦自著を手にするヴライク・イオネスク——「ノストラダムスは、伝統的な考え方に立ってプロレタリアートの時代を批判的に説明するという重要な任務を担っていました。大多数ではないにしても、多くの四行詩は、このような時代について言及しているのです」。マリー゠テレーズ・ド・ブロスによるヴライク・イオネスクへのインタビュー、1993年3月

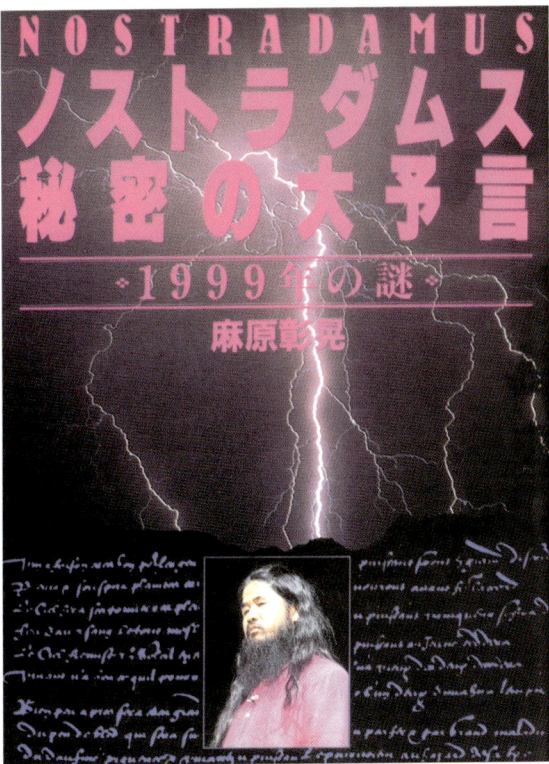

事にもつながった。1989年、リュゾの蔵書が消失して以来、世界で唯一の『詩百篇集』の膨大なコレクションを所有しているミシェル・ショマラのもとに、ほとんど目の見えない1人の日本人男性が訪ねてきた。その男はノストラダムスに非常に強い関心を抱いていた。1995年3月になって、麻原彰晃という名のその日本人は、東京の地下鉄でサリンをばらまくという事件を引き起こした。彼が組織した「オウム真理教」の信者は研究機関のなかにまで広がっていた。しかも、地下鉄サリン事件の実行犯たちは、きわめて有名な大学を卒業した医師や、技術者や、物理学者などが含まれていた。

西暦2000年が近づくにつれ、終末論の伝統が復活し、マス

←オウム真理教によるサリンを使ったテロ（1995年3月20日）↑麻原彰晃著『ノストラダムス秘密の大予言。1999年の謎』（1991年）──麻原彰晃はノストラダムスの熱狂的な読者であった。麻原は「オウム真理教」を組織化し、東京での地下鉄テロを立案するにあたって、SF作家アイザック・アシモフの『ファウンデーション・シリーズ』から着想を得た。

コミでも大きく取り上げられるようになった。この傾向は新たな千年紀への移行だけに原因があったわけではない。西洋の社会では，カルト的な現象が拡大していて，それがイデオロギーの危機や個人を基盤とした社会構造の危機に呼応していると解釈された。人々が安易に何かを信じやすくなってきているという分析も，マスコミで決り文句のように繰り返された。ただし，このような分析は非常に一面的であり，際立った事件にやや性急に類型的な意味を与え，それを恣意的に利用しているようにも見える。こうして1999年は占星術師からも，不合理な不安の拡大を懸念している人々からも，あらゆる危険性をはらんだ年と見なされた。

エリザベート・テシエは，占星術による暦の伝統に従って1年間の予言を作成し，1999年は「運命の年」になると予言した。テシエは8月11日に予定されていた日食に関連して，ノストラダムスの次の四行詩に言及した。「1999年七つの月／空から恐怖の大王がやって来て／アンゴルモワの大王を蘇らせる／その前後で火星が幸運にも統治をするであろう」(第10巻72番)。テシエは，このようなもっとも使い古された平凡な主題を使用しながら，細菌兵器や核兵器を用いた電撃戦が行われる危険性や，宇宙人の到来によって宇宙空間で戦闘が起こる危険性を検討している。数ヵ月後，テシエはメディアを通じて，土星最大の惑星タイタンにむかって1997年に打ち上げられた探査機カッシーニが，地球に墜落する可能性があると発言した。原子力電池にプルトニウムを搭載していたカッシーニは，地球の重力を利用して遙か彼方の宇宙空間に飛び出していくために，1999年に地球

↓ノストラダムスの『予言集』を読むインド人——逆説的ではあるが，ノストラダムスの四行詩は曖昧であるがゆえに，普遍性を持つことができた。『予言集』の翻訳は曖昧なフランス語をそのまま訳すしかなく，原書よりも複雑にもシンプルにもならない。したがって，曖昧な文章が国境を越えていき，あらゆる文化において「種本」として利用された。たとえば，インド人が世界各地で起こった出来事の予言を『詩百篇集』のなかに探すことも可能だ。もちろん，ノストラダムスが彼の時代に，全世界の出来事について気にかけていたはずはない。

⇦皆既日食（1999年8月11日）——1999年8月の日食の日には、世界中の人々が戸外に出て観察をした。宇宙物理学者の合理的な説明にもかかわらず、依然として日食は驚異的な現象でありつづけている。そのため、占星術師や他の占い師たちは、破滅的な出来事を予言するために、日食という驚くべき現象を利用する。とくに、この年の日食は、ノストラダムスが書き残した数少ない日付の入った予言の時期と重なったために、いっそう人々の好奇心をかきたてた。

⇩自動人形「占い師サブリナ」

近くに戻る計画になっていた。テシエは、カッシーニが地球に接近したさいに、なんらかの計算ミスが原因で、プルトニウムとともに地球に落下してくる危険性があると考えたのだ。同じ頃、服飾デザイナーのパコ・ラバンヌは『1999年、神の雷光』を出版し、最悪の出来事を予言した。ノストラダムスの「空から恐怖の大王がやって来る」という予言通り、1999年の日食の日に、ロシアの宇宙ステーション、ミールが、パリやフランス南西部のオーシュやレクトゥールに落下するというのである。ラバンヌによると、彼が1951年に抱いたイメージ、すなわち「数十、数百の人々が炎に包まれて泣き叫びながら、パリの街を走っていた」というイメージが、『予言集』のなかでも確認されたという。エリザベート・テシエの予言も、パコ・ラバンヌの本も、フランスでは滅多に見られない日食を人々が心待ちにしていた時期に発表された。ジャン＝シャルル・ド・フォンブリュヌが、1981年の夏にソ連がフランスへ侵略するこ

とを予言したことを思い起こさせる。占星術師などによって予言された破局のイメージが、物事を安易に信じ込む大衆によって拡大され、社会的な黙示録のシナリオになったのである。

ノストラダムスと電脳文化

2001年9月11日に、ニューヨークの世界貿易センタービルがテロリストの攻撃を受けた数時間後、憂慮すべき噂がインターネット上で広まった。炎に包まれたビルから立ちのぼる煙のなかに、悪魔の顔が現れたとか、空に超自然的な現象やUFOが出現したという情報が流れた。

とくに問題となったのは、『予言集』に9・11テロの予言が書かれていた、という情報が広まったことである。ノストラダムスが書いたとされる四行詩が、ネット上を駆け巡り、またたく間に地球を一周して、大きな議論を引き起こした。

「新世紀と九つの月に／空から恐怖の大王がやって来る……／空は45度で燃え／炎は新しい大都市に近づいていく……」

「ヨークという都市に巨大な崩壊が起こり／双子の兄弟は混沌によって引き裂かれる／要塞が崩れていく間、偉大な指導者は屈服し／大都市が燃え上がるとき、三度目の大戦争が始まるだろう」。

専門家は、このふたつの四行詩が偽物であることにすぐに気づいた。ひとつ目の四行詩の前半は、「1999年」に言及した第10巻72番の最初の2行を真似て作られている。それに続く後半は、次のような第6巻97番から借用されたものだ。

「45度で空は燃え／炎は新しい大都市に近づいていく／一瞬にして巨大な炎が飛び散るであろう／ノルマン人が力を発揮することを望まれるときに」。

ふたつ目の四行詩は、ノストラダムスの文体を大まかに模倣したものにすぎない。ネットサーファーたちはこのような巧妙な偽物をしだいに批判するようになり、偽情報を駆逐す

↓世界貿易センタービルへのテロ（2001年9月11日）——このテロのように、際立って悲劇的な事件が起こると、『予言集』は偶然の悲劇を必然に変えるための有効な道具となる。その事件が四行詩のなかですでに予言されていたと解釈することで、これらの出来事は偶然起こったものではなくなるのである。

るための専門サイトもこれらが偽りの四行詩だという説明をした。しかし，世界貿易センターへのテロがあまりにも深刻な事件であったため，その後数ヵ月の間「ノストラダムス」で検索する者が跡を絶たなかった。このように，インターネットや情報技術が，『予言集』の広がりと解釈を拡大した。インターネット上で「ノストラダムス」という語で検索をすると，25万件以上がヒットする。『予言集』はコンピュータ文化の形態や方法に見事に適応した。というのも，『予言集』は注釈者にとって，たいてい「ハイパーテキスト」のように機能

9・11テロは，インターネット上でノストラダムスに関連した膨大な問題を生み出した。テロ後の2週間，ノストラダムスは，CNNや世界貿易センターやビンラディンを抑えて，最も検索されたキーワードとなった。

しているからだ。

それでも，初めて『詩百篇集』が出版されたときと同じように，文章や情報の信頼性が今でも問題となっている。ノストラダムスが死んでからというもの，実際の刊行年より以前の日付が記載された『予言集』や，内容の怪しい『予言集』が出版されてきた。そもそもノストラダムス自身が，馬上試合で負傷したアンリ2世が亡くなったとき，自分の四行詩のひとつがこの事件をすでに暗示していた，と態度を変えたのである。しかも，ノストラダムスはつねにプロパガンダに利用されてきた。このように考えると，現代の解釈者や偽造者たちが，これまでには見られなかった特別なことをしているわけではない。ただし，情報技術の発達により，彼らの影響力は拡大しているのである。

▌過去と現在，「人々に話の種を与える」

ノストラダムスの著作は，自分の立場を正当化する種本として利用される。彼と同時代を生きた年代記作者ピエール・ド・レトワールは，この種の書物の主な機能は「人々に話の種を与える」ことだと指摘している。実際，ノストラダムスの死後 (1566年)，あらゆる時代の人々が，『予言集』という鏡に映った自分の姿を見つめ，時代に漂う不安を確認してきた。注釈者たちも誹謗する者たちも，『予言集』のなかに自分の確信を見出して，安堵した。注釈者たちは，自分が信じている未来の世界の姿を『予言集』のなかに読み取り，誹謗者たちは，

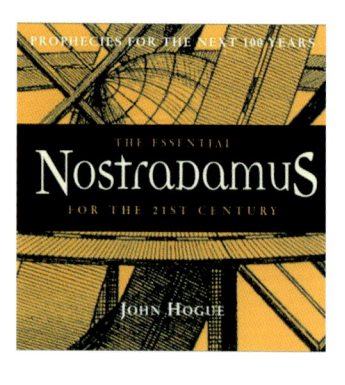

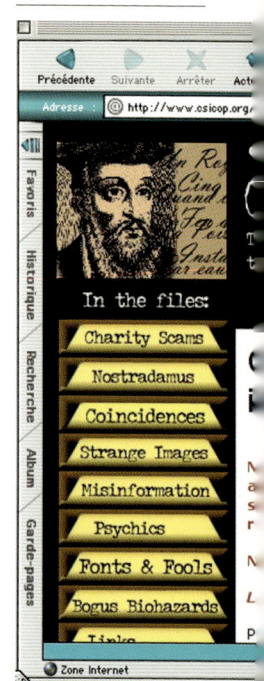

⇦ジョン・ホウグ編『21世紀へのノストラダムスの本質』(2002年9月)――ノストラダムスの予言は，1555年以来議論を巻き起こしつづけてきた。『予言集』の射程は3797年にまで及んでいるとみなされているため，その歴史はまだ始まったばかりである。ノストラダムスに関する文献の目録は，驚くほど延々とつづいていくに違いない。一方，インターネット上では，数千のサイトがノストラダムスについて言及している。

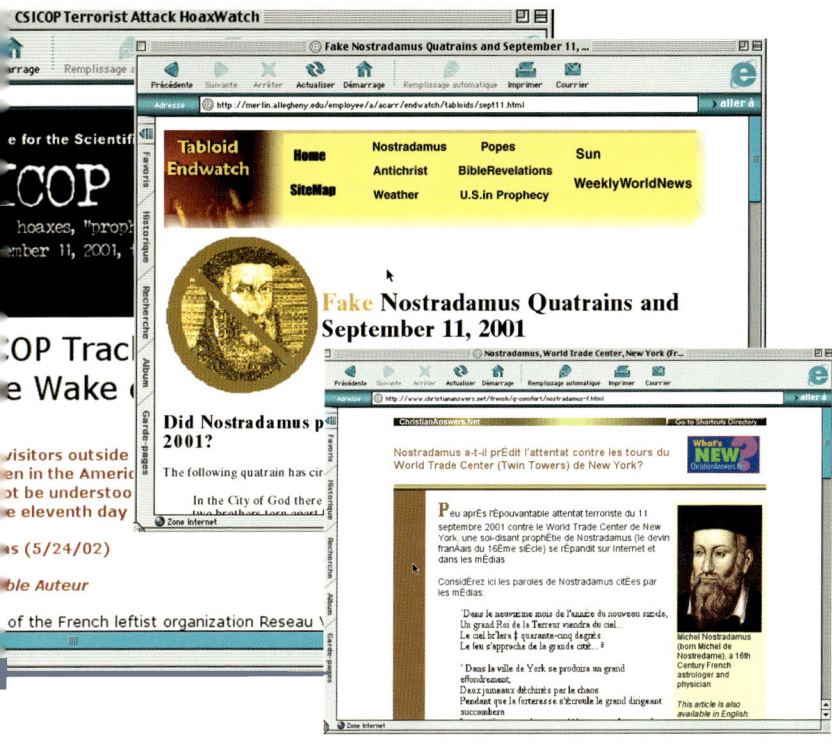

民衆が安易に物事を信じてしまうことを確かめた。

　ノストラダムス自身が,『予言集』は3797年までの時代をあつかっていると説明している。それゆえ,『予言集』をめぐる議論は, まだ始まったばかりといえる。このような事態を, ノストラダムスは予言していた。そして, その予言は正しいことが証明された唯一の予言なのである。「私に何度も死をもたらした人々に反して, 存命中も死ぬときも私は不滅であり, さらには死後も私の名は世界中で生きつづけるだろう」。

↑9・11テロとノストラダムスを関連づけるインターネットサイト——ノストラダムスの記憶は, 都会の風景や地方の思い出に完全に溶け込み, サロン゠ド゠プロヴァンスのサンチュリーズ（詩百篇集）広場（次頁）では, 片時も風化することはない。しかし, 人々は敬うことで, いったいだれをたたえているのだろう？ 450年間伝えられてきた伝説の偉人であろうか, それとも1人の予言者としてのノストラダムスであろうか？

099

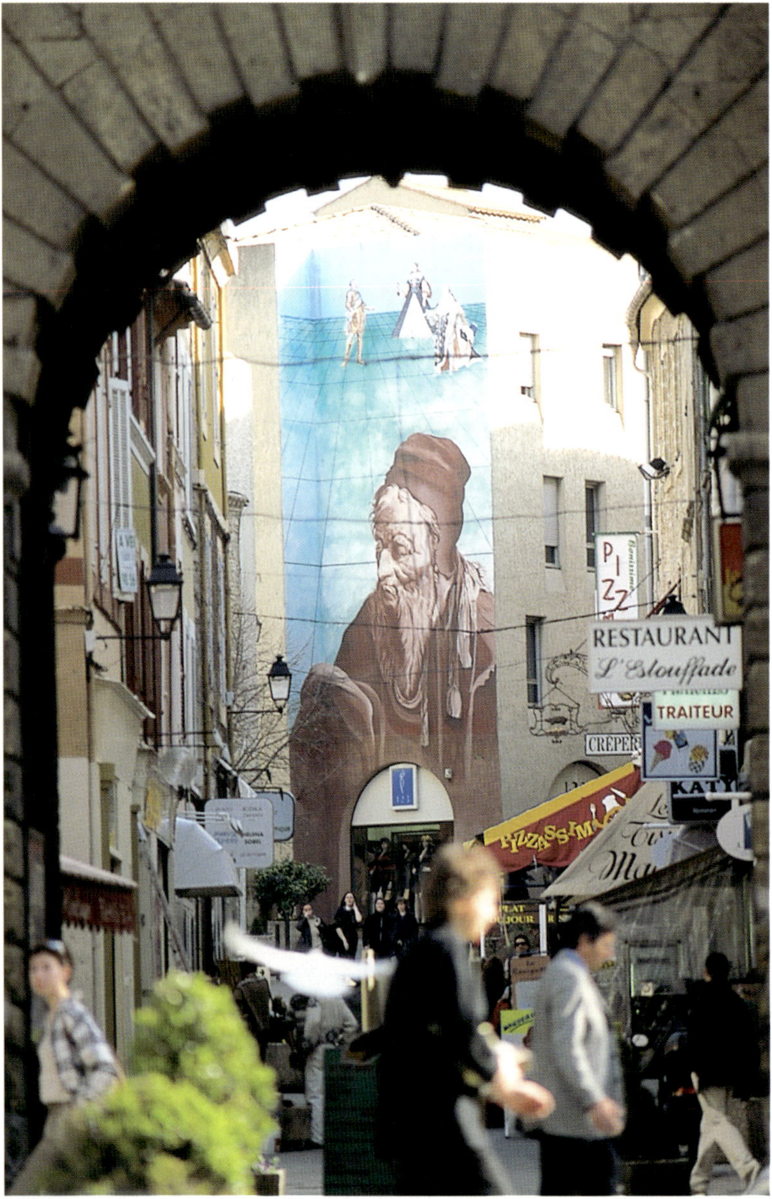
RESTAURANT
L'Estouffade
TRAITEUR
CRÊPERI
PIZZASSIMO

資料篇

医 師 に し て 詩 人

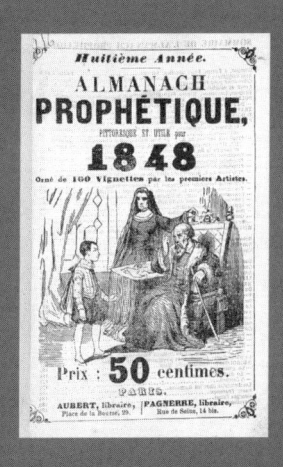

①人文主義者ノストラダムス
伊藤　進

　ノストラダムスというと，神秘的な予言者として崇めたり，逆に怪しげな予言者，オカルト術者として蔑んだりするのが，今日の一般的な傾向ではないだろうか。しかしこの二つの極端な反応が，じつはサロン＝ド＝プロヴァンスの予言者を理解するうえで大きな支障になっている理由のひとつである。こうした先入主をできるだけ排して，ノストラダムスを彼の生きた時代に置き直してみると，知的形成，友人関係，文学的・思想的環境などをとおして，彼がフランス人文主義にどっぷりと浸かった人物であることが分かるし，彼の作品もルネサンスの大きな思潮から光を当てることではじめて理解されることに気づかされるはずなのである。

　以下に，わが国ではえてして怪しげな予言者とみなされがちなノストラダムスを彼の時代の思潮と人との交流のなかで考え直すことで，同時代の知識人たちと同様にれっきとした人文主義者として活躍したノストラダムスの側面を，ジャン・デュペープが発表した示唆に富む論文「人文主義者ノストラダムス」(1994年に行われたシンポジウム「１６世紀における知の伝達」で発表されたもので，1997年に論集『ノストラダムスと伝達された知』に収録された）に全面的に依拠しそれを紹介するという形をとりながら，照射してみたいと思う。

　ノストラダムスは，古典的教養に培われてギリシア語もラテン語も知悉し，イタリア語もよくした人文主義的な医師としていつも見られたがっていた。頻繁に古典古代の文学，歴史に言及したりラテン語を引用することで，博学をひけらかそうとするし，自分が人文主義者のグループに属していることを示すために，ノストラダムスは傑出した人文主義者の名前（エラスムス，ジャック・デュボワ，ギヨーム・ロンドレなど）をなにかにつけて引くからである。しかし実際に，彼はすぐれた人文主義者なのであった。

　人文主義者としてのノストラダムスを考えるには，やはりまず『予言集』の序文ともいえる第１巻最初の二つの四行詩から見てゆくのが適当であろう。

> 闇夜に密かに書斎におりて，
> 　青銅の床几にひとり静かに座れば，
> 孤独より立ちのぼるか細き火影は，
> 信じて徒ならざることをば語らしむ。(第１巻１番)

ブランシュの中央にて棒をもちて、
水もて縁(へり)と足を濡らしむ。
蒸気と声が袖より震えきたる。
神の輝きなり。神は傍らに座す。(第1巻2番)

(いずれも、『ノストラダムス　予言集』高田勇・伊藤進編訳、岩波書店より引用)

この二篇の四行詩についての詳しい註釈は上記引用書に委ねるとして、ここではこれら四行詩から析出しうる二点の特徴を指摘するにとどめよう。

ひとつは、これらがイアンブリコスの『エジプトの秘儀について』を典拠にしているらしいことである。1497年にマルシリオ・フィチーノがその自由なラテン語訳をヴェネツィアから出版していて、その影響は当時の知的環境に大きいものがあった。たとえイアンブリコスに直接に依拠せず、この4世紀初めのギリシア哲学者のテクストを概括したネッテスハイムのアグリッパ『神秘哲学について』(1533年)——アグリッパの重要性については、本書16-17頁を参照されたい——を参看しているにせよ、ノストラダムスが新プラトン主義に並々ならぬ関心を寄せていたことは否めない。

哲学者にして科学者たる者は祭司でなくてはならない。イアンブリコスによれば、神と個人的に接触したり、神の配下である天使やダイモンたちと親しい関係を結ぶことで、神を知る「降神術師」であらねばならない。人間は下級の存在なのだから、長い精神的禁欲を経てこそこの関係を切り結ぶことができるようになる。禁欲は肉体を浄め、魂のもっとも崇高な部分、すなわち理性(ギリシア語の「ヌース」)をさらけ出す。神は光や精気(スピリトゥス)となって(「か細き火影」第1巻1番3行目)その理性に姿を現すのである。だが、イアンブリコスにとって、禁欲だけでは不十分で、特別な儀式とそれをいつ執り行うべきかを正確に計算することも必要とされる。そのエッセンスが上の二篇の四行詩に認められるのである。占星術師はこうした情況のなかで首尾よく神と接触して予言者となり、過去、現在、未来を視ることはもちろん、過たない直感によってどんな事柄にも真実を知ることができる。

この新プラトン主義的な予言を真に受けていたのは、なにもノストラダムスだけでなく、彼の仲間たちにも共有されたことであった。その筆頭がノストラダムスが私淑したユリウス・カエサル・スカリゲルであるけれども、ノストラダムスのセザールへの手紙にもフィチーノが伝えるイアンブリコスの哲学が看取できるという。それゆえ、こうした好奇心と実践にはなんら異端的なものはないとするべきなのだ。ノストラダムスの作品なり人物なりをフィレンツェの人文主義の流れのなかに据えることで、ノストラダムスが自分を新プラトン主義的な予言者だと見なしていたことがはしなくも露呈するのである。

上記の二篇の四行詩から読み取られるノ

IVLES CÆSAR DE LA SCALE.

145

ユリウス・カエサル・スカリゲル
(テオドール・ド・ベーズ『著名人の真の肖像』, パリ, 1581年)

ストラダムスの人文主義者的なもうひとつの側面は、古典古代の作家への造詣である。なるほど彼自身には詩作に励む技量にはいささか欠けるところがあったかもしれないが、それでもギリシア・ローマ、フランスの詩神(ムーサイ)に親炙する知識人であった。彼の周りの人々と同じく、古典作家を読み継いでいたことはまず間違いない。彼の『化粧品とジャム論』(1555年)を一瞥すれば、そのことはただちに得心がいく。往々にして曖昧で不可解な、古典古代のあらゆる分野への参照指示、あるいはラテン語の引用——セザールへの手紙やアンリ2世への手紙でも明らかなように——に埋め尽くされているからである。そしてそれらが、その不明瞭な文章とともに、いっそうノストラダムスのテクストを難解なものにしている。

このことは当時の詩法を想起させる。なぜなら、16世紀中葉のフランス詩人は専門的学識を涵養して、無知なる大衆を遠ざけて知識人だけに理解されるべく、ことさらに晦渋で博識な作品をものしたからである。1540年の終わりから1550年代の世代の詩人たち、すなわちモーリス・セーヴやプレイヤード派詩人たちの詩への信念とはそうしたものであった。「いかに巧みに／神話を伴わり隠すべきか、／物事を神話の外套で包みこみ、／いかに真実を擬装すべきか」(「秋の讚歌」高田勇訳)を師のジャン・ドラから学んだピエール・ド・ロンサールは、博識を駆使しておのれの詩を飾り立て、高めようとした。卓越した詩人は事物をそれ固有の名称では呼ばないものだからである。ノストラダムスは『予言集』でこの同世代の文学的流行に追随しているのである。

そもそも詩人と予言者は同義であった。予言者が禁欲と特別な儀式を通じて神と接触しなければならなかったように、詩人も神の霊感に打たれて、換言すれば新プラトン主義が唱える「詩的熱狂」が訪れることによって、神の言葉を語るのである。したがって神との接触が図れぬとき、詩人は一行たりとも詩句を書き継ぐことはできない。「巫女(シビラ)を駆り立てるあの狂気の到来を、／(しかと嘘偽りなく)私は待ち望む。／だが、それが天からわが心のなかに、／ゆっくりと降ってくるやいなや、／怒り、燃えあがり、狂い、乱れた私は、／神の力ですっかり震え戦く」(ロンサール「プロ氏に」高田勇訳)。ここにいたって、既掲の『予言集』第1巻1番と2番の四行詩が描くノストラダムスの姿は、神からの霊感が魂をとらえるのをひたすら待望する詩人の姿と重なって見えてこないだろうか。

さて、上に述べたことから浮彫にされるのは、フィチーノの哲学がノストラダムスの知的・宗教的形成において占める重要性であろう。当時、大部分の知識人を魅了していたフィチーノの哲学をノストラダムスに指南したのは、彼の師ともいえるスカリゲルであった。ノストラダムスはみずから言うところの「博識の学者、プラトン哲学における第2のマルシリオ・フィチーノ」

であるスカリゲルと1534年にアジャンで近づきになったとされる。ノストラダムスはフィチーノの衣鉢を継いだスカリゲルのプラトン主義を強調しているのだ。

また、1534年から1538年にかけて、若きノストラダムスはアジャンの町の知的エリートたちのあいだでルター主義への深い共感が広まっているのを知ったらしい。ルター主義に理解を示したノストラダムスはこのためにたびたび悩まされることになる。たとえば、1561年にはルター主義者の嫌疑をかけられて、民衆の怒りを買うのを恐れて、2ヵ月間アヴィニョンに避難せざるをえなかった（本書116頁「ローレンツ・トゥッペベへの手紙」を参照されたい）。ところで、新プラトン主義はルター主義には有利に働いた。フィレンツェの新プラトン主義は、長い精神的な禁欲の末に天啓につながる神との親密な接触をもつことができることを力説して、儀式や教義とは無関係な神秘的な敬虔へと知識人たちを向かわせたからである。そのうえ、新プラトン主義は占星術に好意的で、占星術は自然神学のランクに引き上げられて、医学の基礎にまでなったのだった。

こうした考えはフィチーノの『生について』（1489年）を読んだ医師たちが共有するものだった。ノストラダムスも、ほかの人文主義者たちのように、迷信、無知、強欲に陥った社会を生まれ変わらせるように神から選ばれた傑出した知性の持ち主の一員だと感じていた。知的優越感がしみこんだノストラダムスは、ちょうどスカリゲルがアジャンの人々に罵詈雑言を浴びせたように、サロン＝ド＝プロヴァンスの町に蝟集する粗野な連中を軽蔑していた。それは、無教養な人たちから理解されない選良の宿命を嘆いたロンサールに通底するものがあろう。たとえば『恋愛詩集』（1552年）を発表したときにロンサールも素朴な民衆から難解すぎると非難されたからだし、あるいは、自分たちと品性が異なる者を誇りがちな俗衆から「狂気につかれただの、／気狂いだの、狂熱にうかれただの、野蛮で、夢見がちだの、／陰気で不快だの」（「秋の讃歌」高田勇訳）と言われる詩人は予言者のごとく真実を語る者だとしてみずからを鼓舞して、詩とは選ばれた魂のみに許された天からの賜物であると詩人として矜持を保とうとしていたのだから。こうして、当然誇り高く尊大な人文主義者たちは民衆から憎悪をもって応酬されることになる。ノストラダムスも例外でありえず、スカリゲルが慕われなかったように、彼も快く思われていなかったのである。彼ら人文主義者が異端者（ルター主義者）と告発されたのも、こうした民衆の意趣返しだったということがあったかもしれない。

こうして本稿が依拠したデュペーブはつぎのように結論づけるのである。ノストラダムスをフィレンツェの人文主義から考察することで、必ずしもユダヤ家系の出自だからといってユダヤの伝統を持ち出す必要

がないかもしれない。もちろん降神術(デウルギア)の場面はいまひとつはっきりしない。しかしイアンブリコスのおかげで、少なくともその合目的性は理解できる。ノストラダムスの医療行為についても、大学医学部の教条主義に反対する経験主義者だとか占星術師であると、あまり単純化して考えないほうがよいのかもしれない。彼は狭量なガレノス学説に対して化学の実験の効用を説いているが、この学説は彼以前にフランスですでに知られていたものであった（たとえばジャック・デュボワ）。また彼は占星術による計算で科学的な医学を目指しているけれども、模範として役立っているのはやはり相変わらず古代古典なのである。宗教にしても、ノストラダムスは宗教改革に好意的である。古代の魔術師(マギ)の伝統に忠実な、科学と敬虔を結びつけるフィチーノの哲学に宗教の復興を見ているからである。ノストラダムスの人文主義がもつ本当の意味はこのようなところにあったといえよう。

2 知識と実践

ノストラダムスは、難解な「神秘的予言」の中に逃げ込むどころか、時代に身を投じた賢者であった。彼はルネサンス人として、鋭敏な哲学的な思索が具体的に有用であることを確信し、医学や占星術を理論と実践を総合したものとして理解していた。

Prediction de Ianuier 1561.
Carpet citius aliquis quàm
imitabitur.

A pleine Lune precedante de la precedente sera le premier iour de l'an, laquelle pàr son principe sera pl' pluuieuse que nulle des precedétes, & pour le quadrat aspect de Mars, ad regulum, outre la tresacerbe inclemence de l'air & de toute leur trame à titre quelque toille, qui ne sera moins que celle de cheueleures de Deianyra & de Cliremnestra, par autres secretes beuuandes, qui feront vne perpetuelle paix, descourrant ce qu'iceluy maling esprit vient à signifier non exempt de froidure, neiges, glaces, brouillatz, & plusieurs diuerses m_alices de mauuais. La pesanteur rompra là au moilleur la glace, ce nonobstant seront munis & preseruez, apres le premier iour de l'an les autres se cōmenceront à moderer & ne sera sans inaccustumee clemēce

ノストラダムスの「1561年用の暦」

1550年の予兆

「予兆(プレザージュ)」は形式の上では「詩百篇集」に似ているが、異なる目的を持っていた。それらの詳細な予言は暦に掲載され、向こう1年間だけを対象にしていた。

1. 神霊の息吹(いぶき)をかけられた魂は予測する
  騒乱、飢饉、ペスト、戦争が広まり
  洪水、旱魃(かんばつ)、血に染まった大地や海、
  平和、休戦がもたらされ、高位聖職者、
  君主が死ぬを

2. 優勢なる軍隊がヨーロッパの両端、西と東で、大流血の脅威を与えるだろう、そして中央は恐ろしい不安に陥るだろう。

3. 政体は運命の変転によって大きく変動し、首尾よく算定できる人は見いだすだろう、スラやマリウスの時代が戻っていて、まだ最後の時期に来ているわけではない、と。流血から遠くにある人は幸せだ。

4. リグリア海から大がかりで密かな準備がなされ、無信仰の輩(やから)によって略奪と内訌(ないこう)が起こされる。痛めつけられる民はなにも企てようとはしないだろう。「カルタゴ人や猛々しいガリア人を恐れて」。

5. ガリア全土に騒擾(そうじょう)が生じるも、厳しい決定によって鎮静化するだろう。

6．都市を売り渡す裏切りが，春には秘密裏にされていたのが，この1550年夏には露見するだろう。

7．秋には激しい雨が降り，いくつかの退却の原因となり，とりわけ大きな企てを狂わせることだろう。

8．このころ，戦争においても病にあっても，愛，名誉，恐怖がもとになって，民は虐げられることなく平和に生きることだろう。

9．同時に，政体の大変動があるだろう。ほぼ上から下に到るまで，逆に下から上に到るまで。

10．オリオンが現れることで生じた凄まじい〔大気の〕擾乱は西部での戦争に平穏をもたらすが，南部と東部ではそのために戦争が止むことはないだろう。

11．冬のあいだに，君主たちのあいだであまり長続きしない和解が協議されるだろう。ある人たちには有効であるけれど，ほかの人たちは保たれた同盟を破棄するよう教唆するだろう。（補注1）

私は1551年に関する著者の予言を探し求めているところである。（補注2）

〔監修者による補注〕

（補注1）1は四行詩，2～11は散文で書かれている。

（補注2）この最後の1行は，ノストラダムスの秘書ジャン＝エメ・ド・シャヴィニー自身による注記と思われる。ノストラダムスの暦を手稿にまとめて収録したシャヴィニーは，欠けていた1551年の「予兆」を見つけられないでいた。

『ノストラダムスの予兆（プレザージュ）』ベルナール・シュヴィニャールによる編纂と序文，1999年

ルネサンスの医師

ノストラダムスは大学の博士たちが唱える理論一点張りの医学に不信を抱き，実地に診療・治療することを旨とした医師であった。彼自身の言うところに従えば，1521年から1529年までの8年間，いろいろな土地を巡って薬草の研究と知識の蓄積に努めた。このように，現場での長い実習でたたきあげられながら，ノストラダムスは医師の職に備えようとしたのである。ノストラダムスがペスト流行時の医療活動に積極的に参与したのも，まさにかかる経験と体験重視の立場からであった。

「詩百篇」第2巻6番

二市の市門の傍らと市内に，

二つの禍あらん。見られたるためしたえ
　　てなきほどに。
　市内には飢え，悪疫(ペスト)，人々は剣で市外に
　　追い出され，
　偉大なる不死の神に救いの叫びをあげん。

〔二つの都市の市門の付近と市内で，二つ
の災禍が生ずるであろう。そのようなもの
を人々はまだ見たこともなかったであろう。
市内には飢餓が，そしてペストが蔓延する
だろう。住民は剣を突きたてられて市内に
追いやられるだろう。彼らは偉大な不滅の
神に救いを得ようと泣き叫ぶだろう。〕

　第2行の「二つの禍」とはもちろん飢餓
とペストのことである。病人は力ずくで市
内に追い出されるのであろう。

　飢餓と同様に，ペストも16世紀に猛威を
ふるった禍であった。むろん地域によって
異なるが，ペストはほぼ定期的に，たとえ
ば8年から10年の間隔で襲いかかってき
た。
「アンシャン・レジーム期には，人は25歳
までに自分の人生で一度はペストを経験し
た」とはあるペスト史研究家の言葉である
が，それほど周期的にペストはフランスで
猖獗(しょうけつ)をきわめたのである。1521－22年と
1530－33年に大規模な流行を見てからは，
1545年あたりに短期的な流行があったもの
の，ペストは鎮静化している。さらに，1563－
64年にペストは爆発的に流行し，1578－79
年からはどんどん患者が増えていき，1582
年にピークを迎え，1586年と87年にもなお
絶頂にあった。その後突然に激減するも，
1596－98年に第三波ともいえるペスト流行
に見舞われることになる。

　アヴィニョン地方に限っていえば，16世
紀前半には回帰的に襲ってきたペストも
1564年から猛威をふるわなくなった。それ
が1580年9月になって，ヴェネツィアから
ミラノ，ジェノヴァへと1576年来新たに進
行しつつあったペストがアヴィニョンに飛
び火して，あっという間に広がっていった。
翌年の前半まで流行は続き，それから次第
に終息していった。アヴィニョン市だけで
5千人から9千人の死者があったと同時代
人たちに推算されている。この1580－82年
のペストの記憶は消え去るどころではなく，
1587年に新たに伝染病が出現したときには
パニックに陥ったらしい。1589年に鎮静化
してからは，1629年の大流行までこの地方
をペストが襲うことはなかった。

　周知のように，ノストラダムスはペスト
の流行に際して自ら身を投じて治療にあた
っていた。1546年にエクス＝アン＝プロヴ
ァンスでペストが猖獗したときに，市に雇
われてノストラダムスはペストに罹った住
民たちの治療にあたったのであるが，その
ときの様子を『化粧品とジャム論』(1555)
の第1巻第8章でかなり詳しく書き留めて
いる。ペスト流行はその年の5月に始まり
9カ月間続いた。老いも若きも数しれぬ人々
が死んでいき，墓地は死体で溢れ，埋葬す
る場所に事欠くほどであった。たいていは

感染して2日目に躁狂状態に陥って臥せってしまい，斑痕は現れなかった。斑痕が出てきた人々は口調がしっかりしたままに急死した。しかし死後はだれしも黒い斑点で覆われていた。こんな具合に，病状が具体的に叙述されていく。さらに，感染力がきわめて強いこと，6日目には死んでしまうこと，瀉血も気付薬も聖歌も効き目がないこと，ノストラダムスによる調合薬ほどの良薬がないこと，「これは神の懲罰である」と断言できるほどに感染力が強烈で，患者をちらっと見ただけでも感染することなどが述べられる。つづいて，ペストの恐ろしさが強調される。死はまったく不意に襲ってくるものだから，父親も自分の子どものことを気づかう暇もなく，妻子が感染したと知るやそうした妻子を捨ておく者もいた。躁狂のあまり井戸に身投げしたり，窓から下の舗石に飛び降りる患者もいた。肩の後ろや乳房の前に黒い腫瘍のある患者は昼夜を問わず激しく鼻から出血し，死んでいった。妊娠中の女性は流産し，4日後には死んでいたし，子どもはあっけなく死んでしまい，まるで体中に血を流したかのように，全身が紫色の斑点に覆われていた。たった一杯の水が飲めなくて，金銀を手に握ったまま死んでいく者もいれば，ノストラダムスが薬を処方して届けてやっても，時すでに遅く，口に薬をくわえたまま死ぬ者もいた（注1）。

このようにペストの悲惨な状況を実体験したノストラダムスは，だれよりもよく，ペストの惨状と恐怖を知っていたのである。その彼の筆から「悪疫」の言葉が流れ出るとき，それはたんなる修辞以上のものがあるように思われる。

繰り返しになるが，飢餓，戦争，ペスト，この「災厄の三要素」はノストラダムスの時代には実に日常的なものになっていたことを，ここでも確認したいのである。

(注1) 参照したのは以下の版である。M. Nostradamus, *Le vray et parfaict embellissement de la face*, etc., Paris, 1979 (réimpr. de 1557), *ff*. 10 r^0-11^{v0}.

『ノストラダムス 予言集』高田勇・伊藤進編訳 岩波書店，1999

予言の正しい使用法について

『予言集』の初版には，ノストラダムスから息子セザールに宛てた手紙が，序文として挿入されている。この手紙は，天啓と占星術の計算の間で揺れ動く予言書の地位を解明するのに，重要な文書である。

18．わが息子よ，私はこれまで予言者という肩書きを使用してきたが，今のところこのような立派な称号は名乗りたくない。なぜなら，「かつては予見者と呼ばれた者が，今では予言者と言われている」からだ。さ

らには，わが息子よ，厳密な意味での予言者とは，あらゆる人間に生まれつき備わっている認識能力の働きによって，はるか未来の事柄を見る者のことだからだ。

19. また，予言者には，神の預言というこの上ない光によって，人間に関する事柄と同様に，神に関する事柄が啓示されることがある。人の予言がどれほど遠くまで及ぶとしても，それは〈通常では〉あり得ないことである。[〈〉内はブランダムールの補加]。

20. なぜなら，神の秘密は窺い知れないものだからだ。結果を生み出す力は生得の知識に最終的に属し，そのような知識の最も直接的な起源を自由意志から引き出す。創造力は，人間の透視能力や，この世に存在する他のあらゆる神秘的な力によっては知りえない事柄を，明らかにしてくれる。永遠があらゆる時を包含していることからも，それは確かである。

21. しかし，不可分の永遠のおかげで，そうした事柄は，癲癇のような忘我や天体の運行を通じて知ることができる。

22. わが息子よ——私の考えをよく理解してくれ——，こうしたことはおまえのように若い頭脳では理解できないと言っているわけではないし，未来の事柄は人間の分別では到達できないと言っているわけでもな

い。はるか遠くに存在していることが，知的な魂にとってまるで見えないということもなく，はっきりと見えすぎるということもない限りにおいて，未来の事柄にも〈近づくことができる〉。

23. 未来の事柄に関するこの上ない知識は，このような天啓がなければ，獲得し得ない。というのも，予言者のあらゆる霊感は，まず世界を動かす神の原理をとらえ，その次に性質や自然の原理を把握するからだ。

24. そのため，関心を向けないものは私たちの関心とは関係なく出現するか，あるいは出現しないので，予兆は部分的には予言されたからこそ実現するのである。

25. なぜなら，未来の事柄がどのような方向へ進もうとも，か細い炎のおかげで〈服の〉縁飾りにもたらされる啓示によるのでなければ，知的な魂は未来を予測することができないからだ。

26. それゆえ，わが息子よ，夢想や虚栄心のために，おまえの精神を用いないでほしい。そうした虚栄心は，脆弱な判断力を狂わせながら，体を干からびさせ，魂を堕落させる。かつて聖書や聖なる戒律も，忌むべきものとして魔術を断罪した。そのような魔術によって，虚栄心を満たそうとは思わないでほしい。

27. ただし，判断的占星術［個人のさまざまな出来事や不安を惑星の運行，配置で予言する占星術］は別である。判断的占星術や，神からの啓示や霊感のおかげで，絶えざる徹夜作業や推算によって，私たちは自分の予言を書き記してきたのである。

28. このような神秘哲学は世の中では否認されているので，何世紀にも渡って隠されてきた数冊の書物を手に入れても，私はこの哲学の解き放たれた戒律を示そうとは思わなかった。むしろ，その影響が心配であったので，読んだあと書物を燃やしてしまった。書物が燃えている間，天空に伸びた炎は異様な光を放ち，自然の炎よりも明るかった。それはまるで家に突然火がついたかのように，家を煌々と照らし出す火柱のきらめきのようであった。

29. こうした理由から，金や銀を完全に変容させる研究や，地中や水中に隠された腐食しない金属の研究に，おまえがいつか利用されないようにするために，私はこうした書物を灰に変えたのだ。

30. しかし，天啓のおかげで完璧になる〈予言をする際の〉判断力については，おまえに説明しておきたい。人が未来の事柄を知るのは，この判断力のおかげなのだ。未来の事柄を知る際に，人はこれから起こることについてのとりとめもない考えを放逐し，天啓のもとで場所の特徴を明確にし，神の徳と力と能力を借りて，その神秘的な特性の力を借りて，天象図に場所と日付を与える。それゆえに，3次元の時間は永遠の中に包含され，思考はその過去，現在，未来を把握できる。「神の御前では隠れた被造物はひとつもなく，すべてのものが神の目には裸であり，さらけ出されているのです」。

31. こうして，わが息子よ，自然のものである天体に助けを求めることで，そして予言の精神によって，将来起こる事柄を予言できるということが，おまえの若い頭脳でも容易に理解できるであろう。

32. 私は〈聖書に書かれている意味での〉預言者を名乗ろうとは思わないし，預言者の役割を果たそうとも思わない。しかしながら，死すべき人間として，啓示を受けた霊感を通して〈未来を予想する〉。ただし，死すべき人間の認識能力は，足が大地にはまり込んで動けなくなるほど，天空から離れている。それゆえ，「私も間違えたり，誤ったり，騙されたりするかもしれない」。私はこの世の誰よりも罪深い人間であり，人間が味わうあらゆる苦悩に陥りがちだ。

33. しかし，時おり私は予言をもたらす霊感に1週間にわたって捕われ，夜間の研究に甘美な香りを与える長い計算に没頭して，数巻の予言書を書いた。各巻には，占星術に基づいた予言を表す百編の四行詩が含まれている。私はこれらの予言をいくらか難

解に組み立ててみたかった。それは今から西暦3797年にまで及ぶ,終わりのない予言である。

34. こんなに長い時間にわたっているのを見て,眉をひそめる人がいるかもしれない。だがいずれもやがては起こり知られるようになることなのだ,月下の世界はどこでも。つまり「地上のどこでも,あまねく」という意味だが,息子よ。

ノストラダムス著『初期詩百篇集あるいは予言集』
「セザールへの手紙」と最初の353篇の四行詩に対するピエール・ブランダムールによる編纂と注釈,1996年

過去に記述された未来

ノストラダムスは,彼と同時代を生きたあらゆる人々と同様に,世界には始まりと終わりがあると確信していた。そのため,ノストラダムスは,聖書や天文学で想定されていた「時間」の視点から,未来のイメージを書きとめた。彼は「アンリ2世への手紙」の中で,聖書と天体の配置に基づいて,天地創造の時代を計算し,その後の時間を算定しようとした。

72. 陛下,そうした理由のために,私はこの言説を通して,ほとんど雑然とした形で,いったいいつ起こりうるか,予言を書き記しました。未来の時間を数え上げることは,上に述べたこととまったく一致しないか,あるいはほとんど一致しません。天文学の手法を用いたり,誤りなどありえない聖書を含む出典を参照したりして,それは決定されたのです。

73. それぞれの四行詩に日時を明示しようと思えば,それも可能であったでしょう。しかし,そのようなことはあらゆる人にとって愉快なことではありませんし,ましてや解釈する人にとっても愉快なことではありません。ですから,私を誹謗する者たちが私に非難を浴びせることがないように,陛下に十分なご配慮をいただけるまで,私は自分の予言を解説することはできません。

74. しかしながら,世界が創造されてから,ノアが誕生するまでの年月を数えてみたところ,1506年の時間が経過していたことがわかりました。

75. さらに,ノアが誕生した時点から,世界的な大洪水の危機が迫り,方舟が完成するまでに,600年の歳月が流れています(この歳月が太陽の運行を基準にしたものであるにせよ,月の運行を基準にしたものであるにせよ,十の混合[[ふたつの混合]とすべきとの説もある]を基準にしたものであるにせよ)。聖書は歳月が太陽の運行を基準にしたものであったことを支持していると

私は思います。

76. この600年の終わりに、ノアは洪水を逃れるために、方舟に乗り込みました。それは世界的な大洪水であり、1年2ヵ月のあいだ続きました。

77. 洪水がおさまってから、アブラハムが生まれるまでに、295年の年月が流れました。

78. アブラハムの誕生から、イサクが生まれるまでに、100年が経過しています。

79. イサクからヤコブまで、60年間あります。

80. ヤコブがエジプトに入ってから、エジプトを脱出するまでに、130年の時間が流れています［ブランダムールによると、この部分は改竄されていて「ヤコブの誕生からエジプトに入るまでに、130年が過ぎました」と読むべきだという］。

81. ヤコブがエジプトに入ってから、彼の子孫がエジプトを脱出するまでに、430年の時間が流れています。

82. エジプトを脱出してから、ソロモン王が在位4年目に神殿の建設を始めるまでに、480年が経過しました。

83. 神殿の建設からイエス・キリストまで、聖書に基づいた計算によると、490年かかっています。

84. このようにして、聖書の記述から集めて、私が計算したところによると、多少の差はあれ、これまでにおよそ4173年8ヵ月の時間が流れたことになります。

85. イエス・キリスト以降については、宗派がさまざまなのでやめておきます。現在の予言については、時間の周期を含む連鎖の秩序に基づき、天文学の学説に従い、そして私の生まれつきの本能によってその全体を計算しました。

86. しばらくしてから、つぎの時期がわかりました。土星は逆行して4月7日から8月25日まで、木星は6月14日から10月7日まで、火星は4月17日から6月22日まで、金星は4月9日から5月22日まで、水星は2月3日から2月24日まで現れます。

87. その後、6月1日から6月24日まで、そして9月25日から10月16日まで、土星は山羊座に、木星は水瓶座に、火星は蠍座に、金星は魚座に、水星は1か月間山羊座、水瓶座、魚座に、月は水瓶座に、竜座の頭は天秤座に現れます。そのため、竜座の尾は反対側の星座に現れます、

88. 火星と水星の矩象(くしょう)を伴った木星と水星

の　合　のあとで。竜座の頭は太陽と木星の　合　とともに存在し，その年は食もなく平和になるでしょう。しかし，完全というわけではありません。

89．その年はこれから続いていくことの始まりとなるでしょう。その年がはじまると，かつてアフリカで起こったものよりも大きな迫害がキリスト教会に加えられるでしょう。それは1792年まで続き，その年は時代の変革の時と信じられるようになるでしょう。

ノストラダムス　「アンリ2世への手紙」
A・ル・ペルティエにより1558年版とされた『予言集』収録，1867年

手紙を通して占星術に基づいた助言を与える

ノストラダムスの手紙を読むと，きわめて実践的な取り組みをするなかで，あらゆる種類の予言と医学的な考察を結びつけていたことがわかる。

ノストラダムスからローレンツ・トゥッペへ

ポモジェ［ポメラニア］の人であり，法学博士である，賢明にして傑出したローレンツ氏に対し，ミシェル・ノストラダムスよりご挨拶申し上げます。

賢明なるポモジェの人トゥッペよ，6月の終わりに，私はあなたから送られてきた手紙と，金箔を張った銀の杯を受け取りました。それは優れた才能を持つ職人が作り上げた，とても見事な杯でした。まるでウルカヌス〔ローマ神話の火と鍛冶の神〕自身が彫り上げたかのようでした。あの杯の美しさは，素材の美しさを超えています。一目見た瞬間，私はアナクレオン〔古代ギリシアの抒情詩人〕のランプではないかと思ってしまいました。

また，ある人物の胸像が描かれた銀製のメダルも受け取りました。その顔だちを見て，私が占星術を使ってその未来を計算しようとしている人物であることがわかりました。肖像からは，この方が黒胆汁に冒されていることが見て取れます。しかし，それは偶然もたらされた状態にすぎません。……

あなたの御主人（ハンス・ローゼンベルガー）は，私の予測が曖昧で，謎に満ちていて，不明瞭なのではないかと御心配なさる必要はありません。私の予想はきわめて明瞭です。予想のどれもが謎や寓意で表現されることはありません。1566年末に関して私が見たことと，1577年の周期図について算出したことを，明確に表します。

実を言うと，火星と他のいくつかの徴候に基づいて行われた私の予想は，かなり悲観的なものです。それは7年間の不測の出来事に関わっています。9番目の7年周期には，土星が第8位に順行し，火星とアルデバランが　合　になり，射手座が上昇点にあります。周期図の計算によると，それ

は他の場所から現れるので，この時期は厄年なのです。

　秘書があまりにも多忙であるために，手紙を書き写させることができず，この手紙もこれまでと同じ要領で書かれています。そのため，手紙を発送する決意はしたものの，あなたが内容を理解するのに苦労するのではないか，私が書いた文字のために不快な思いをされるのではないか，と恐れます。しかし，仕方がありません。手紙と誕生日のホロスコープを，傑出した医師であり哲学者のリパラン博士のもとへ，できるだけ早く発送いたします。リパラン博士，ならびに彼の息子さん，法学博士の婿殿によろしくお伝えください。……

　ある人物の人徳や清廉潔白さや学識に下された評価に関係なく（実は私はそのような美徳を自分が持っているとは思っていません），その人が犯した誤りが暴かれた場合には（私たちは単なる人間なのですから，それは常に起こり得ます），ただちに彼に対する揶揄や嘲弄や非難が巻き起こるということはあり得ることです。しかしながら，親愛なるポモジェの人よ，天地神明にかけて誓いますが，私はあなたからの最初の手紙に心引かれ，励まされ，その他の手紙を拝見して安堵したのです。と申しますのも，あの方々が私の計算を信頼して下さっているということがわかったからです。実を言いますと，私は移り気な世評に賞賛されるよりも，博学な人たちの厳しい評価を受けたいと思っています。

　現在，私は周期図の算出に専念しています。あなたの周期図については，完成しました。私が秘書に注いでいる愛情や，彼に対する私の権限にもかかわらず，秘書が1573年の周期図を書き写すことができなかったことだけが，残念でなりません。私自身が書いた周期図をお送りした場合，皆様に不愉快な思いをさせ，満足していただけないのではないか，と恐れています。また，こうした周期図はインド人の手法に基づいて計算されているため，皆様に賛嘆されるよりも，むしろ嘲弄されるのではないか，と恐れてもいます。それでも，私は最善を尽くすつもりです。

　長い間手紙を差し上げなかったことについて，どうか以前のように私を非難なさらないで下さい。あらゆる遅れは待つ者にとっては長く感じられるということを，私も俗諺を通して十分に承知しております。けれども，私があなたの純真さに甘え，あなたに深い友情を抱いているということを，どうかお汲み取り下さい。

　あらゆる場所と同様にサロンの町でも，宗教的な理由から有力者たちの間で，争いと憎悪が渦巻いています。教皇を礼賛する伝統を守ろうとする人々——つまりは一般大衆のことであり，特に単純な人々のことです——も，真の憐憫の情に関する教理を説く人々も，激しい怒りを募らせるようになってきました。雄弁な説教をする１人のフランシスコ会修道士が，民衆にルター派信徒に対する怒りを植え付けて，暴力や大

虐殺に向かわせようとしています。聖金曜日には、鉄具のついた棍棒で武装した500人の男たちが暴徒と化し、もう少しでプロテスタント教会を襲撃するところでした。彼らによると、ノストラダムスもルター派信徒の1人だというのです。他の容疑者たちは、ほとんど全員逃亡してしまいました。私はどうしたかといえば、このような激しい怒りを恐れて、アヴィニョンに逃れました。つまり、荒れ狂った大衆の怒りから逃れるために、2ヵ月以上もの間、家を不在にしたということです。最後には、プロヴァンス地方総督であり、非常に善良な人物であるタンド伯が平和を回復し、騒乱を鎮め、サロンの住民たちに知性を取り戻させました。彼の高潔な魂と気高い言葉が、荒れ狂った群衆の残虐さに打ち勝ったのです。それゆえ、私も以前の静寂を取り戻すことができました。親愛なるポモジェの人よ、このような事情で、私は長い間手紙を書けなかったのです。あなたが想像していたような理由ではありません。

もしも御主人のもとを訪れることがあるなら、私が御挨拶を申し上げていたと伝えていただき、御主人に希望をお与え下さい。御主人のもとには間もなく成功が訪れ、未来には幸運が待っているとお伝えください。今から1年以内に、予期せぬ幸運な出来事が起こり、御主人を驚かせることでしょう。天体の兆しに基づいて、私はあえてそのように断言いたします。ですから、御主人が行おうとしていることの行く手に、いかなることが起ころうとも、決してあきらめないように説得して下さい。これまでも私は何度も御主人に、「取り掛かった仕事をあきらめないで下さい」と繰り返してまいりました。実際に、思いがけない出来事が起こり、御主人は大きな喜びと満足とともに、仕事を達成することができるでしょう。私が自信をもってお伝えすることは、敵の死や破滅をはじめ、すべて実現するでしょう。

ローゼンベルガー様と、カールとハンスの母上であられる奥様の名前［ファーストネーム］を考慮に入れながら、私は計算をやり直してみました。ハンスは間違いなく将来大きな希望となるでしょう。彼は善良な心を持った少年です。子供を立派に育てるために、母親は一体何をしたらよいのだろう、とある著述家は問うています。いずれにしても、占星術の計算に基づいて予見されたことが、母親のせいで妨げられるということはありません。たとえば、ジャムに砂糖を入れ過ぎることが子供に害を与えるとは思えません。むしろその方が良い場合もあるでしょう。それがシリアの祭司によって尊敬されている女神のやり方だといわれています。

私にこれ以上言うべきことがあるでしょうか？　天空を通して見えたことについては、付け加えることは何もありません。ただし、トルコの船団がやって来たという噂が広まっていることについては、触れておきたいと思います。最近、300隻の三段櫂船で編成されたトルコの船団が、ニースに現

れたそうです。このような行動をするトルコ人の意図については諸説あって、彼らはマルタで略奪を働くつもりだと考える人もいれば、船団はチュニスに向かうだろうという人や、オーストリアのウィーンに向かうと予想する人もいます。私個人としては、チュニスに向かうのではないかと恐れています。地中海沿岸のほとんどすべての住民たちは、とりわけ「外洋船に対してほとんど無防備な海岸部」の住民たちは逃げ出しました。

　さようなら

サロン＝ド＝クロ，フランス・プロヴァンス

　　　　　　　人類救済の年1561年7月15日

ロベール・アマドゥ編『ノストラダムスの占星術』1987年
ジャン・デュペーブ編『ノストラダムスの未公開の手紙』(1983年)の中で、ラテン語で発表された書簡
　（ベルナデット・レキュルゥによる仏語訳）

ノストラダムスからハンス・ローゼンベルガーへ

　アウクスブルクの貴族にして市民、きわめて傑出していて高貴な方ハンス・ローゼンベルガー様に対し、ミシェル・ノストラダムスよりご挨拶申し上げます。

　……あなたの占星術的周期図を算出してから数日中に、私か秘書がそれを清書した上で、リヨンの商人クラフトのもとに発送する手配をいたしました。その後、私の書簡は、ポモジェの人であり、今はブールジュに住んでいる、優れた人物ローレンツ氏に転送されるはずです。ですから、周期図と、御子息カール様のホロスコープは、間もなくお手元に届くでしょう。

　ホロスコープの作成に当たっては、3種類の方法で計算いたしました。インド人が用いる方法、バビロニア人の計算法、そして私が普段から使用している算出方法です。また、計算を行う際には、数多くの詳細な事実を考慮に入れました。あなたの身体的な特徴、お母上の名前［ファーストネーム］と姓、そして何よりも奥様の名前と姓を計算に取り入れました。作成したホロスコープをさらに読みやすくするために、最近私のために働いてくれるようになった1人のフランス人青年〔ジャン＝エメ・ド・シャヴィニー〕に清書してもらいました。

　周期図については、バビロニア人の方法と、私の祖先が用いていた計算法の2種類だけを使用しました。周期図と御子息カール様のホロスコープが、しかるべき時にお手元に届くように願っております。

　ところで、あなたが首を長くして待っておられた、もうひとつのホロスコープもお送りすることができます。御子息であるハンス・ローゼンベルガー様のホロスコープです。幾晩もかけて詳細な説明を書き上げましたので、それも一緒にお送りいたします。あなたにご満足していただけるように、

このホロスコープも、カール様のものを書き写したフランス人青年に清書してもらいました。このふたつのホロスコープについて、どうか御意見をお聞かせ下さい。

　現在は、あなたご自身のホロスコープを再び調べ始めています。以前お送りしたホロスコープは、インド人の手法を用いて計算したものです。私としては、それが正確であったと信じたいのです。お手元にある以前作成したホロスコープを隅々まで吟味なさる時間ができた頃に、1562年の周期図を受け取られることになるでしょう。新しい周期図では、蟹座が上昇点にきているので、あなたの魂に多くの喜びをもたらす、と出ています。しかも、それは突然もたらされます。あなたが所有されている鉱山で、まったく思いがけないような新しい富が、あらゆる種類の金属が、とりわけ銀と銅が発見されるでしょう。そのすべてが、間違いなくあなたの強い運勢の結果なのです。今年以降、あなたの運勢はとても強いので、最近被った被害をかなり埋め合わせてくれるでしょう。親愛なる傑出したあなた様、私が繰り返しておきたいのは、「取り掛った仕事をあきらめないで下さい」ということだけです。土星に祝福された、光り輝く日々は、もうそこまでやって来ています。さらに、純銀は鉛からそれほど離れていない場所に存在する、という真実を付け加えておきます。銀鉱脈はとても重要なものです。銀鉱脈は、私のあなたに対する友情や尊敬——私はそれをお約束いたします——、同様にあなた様の私に対するお気持ち——あなたのお気持ちを私は承知しているつもりです——と同じくらい重要なものなのです。判断的占星術に関する私の知識にいくらかでも信頼を寄せていただけるのなら、どうか私の予言を受け入れて下さい。

　私の手紙があなたのもとに届く前に、あるいは届いてから間もなくして、前代未聞の驚くべき知らせがもたらされるでしょう。それは豊かな銀鉱脈やその他の鉱脈が発見されたという知らせです。その中のひとつの鉱脈は、一見したところでは、探鉱者が見落としてしまいそうなほど小さなものです。しかし、彼らが注意深く探し回り、熱心に努力したおかげで発見され、尽きることなく鉱物を産出するでしょう。このような鉱脈を踏査する時には、幽霊が現れます。幽霊は瞬く間に姿を消しますが、年若い探鉱者たちは恐怖で震え上がることでしょう。それゆえ、高貴なるローゼンベルガー様、もう一度繰り返させて下さい。どうか御自身の仕事をあきらめないで下さい。幸運の時は、最後の最後になって、不意に訪れます。

　こうした知らせを待っている間、もしも退屈を紛らわせたいとお思いになるなら、私がお送りする周期図を調べてみて下さい。

　新しい鉱山を探すために、従者たちに東に向かって金星を追いかける準備をさせて下さい。絶えず東の方角を目ざし、金星を見失わないようにするために、従者たちに夜明け前に出立する準備をさせて下さい。

このようなことが1562年5月中旬まで続くでしょう。その時，従者たちはいくつかの鉱脈を見つけて，帰ってきます。一度はっきりと自分の目で見れば，自然に鉱脈の場所まで戻っていくことができます。従者たちが確実なものと，いまだ不確かなものを，取り違えることは決してありません。まだ知られていないことが純然たる運の領域に属しているのに対して，確実なものは少し調べてみるだけで，はっきりと姿を現します。以上が，占星術的な判断に基づいて作成された，あなたの周期図からわかることです。

　……お体をご自愛ください。気持ちを明るく保ち，喜びや歓喜にひたり，口論や争いや苦しみを避けて下さい。悲しみや不安に対しては屈することがないように。あなたの肖像を吟味しながら，私はその魂の偉大さ，精神的な強さ，善意，誠実さに気づきました。あなたの敵が期待を裏切られた腹いせから，あなたに憎悪を抱いていることを，私は理解しています。しかし，あなたのように強い精神を持っておられる方が常にそうであるように，あなたは敵の悪意をものともせずに成功なさるでしょう。水ではなく，熟成した上質のワインを適度にお飲み下さい。ただし，酒に対して厳しくなりすぎる必要はありません。どうか悲しみに身をゆだねないようになさって下さい。と申しますのも，何事もしだいに改善されていくでしょうから。私を信じていただきたいのですが，これは皇帝ドミティアヌスに招かれたローマ人たち，つまりローマの元老院と民衆の場合と同じですから，すべてはやがて好転するでしょう［ドミティアヌスは死を想わせる催しに元老院議員たちを招待し，最後には抱えきれないほどの贈物をするのだが，その催し物中に彼らが間近にせまる処刑の恐怖を抱くのを楽しんだ。ここではこの故事のこと言っているのであろう］。あなたのあらゆる不幸は忘れられ，葬り去られます。やがてあなたに運命の女神(フォルトゥナ)が微笑み始め，その願いは実現するでしょう。あなたは繁栄と長寿に恵まれます。御一族は平和と喜びと平穏な暮らしを手に入れるでしょう。あなたは孫に恵まれ，敵と和解します。これ以上のことを望むことができましょうか。これ以上の恩恵を天から授かることができましょうか。

　それではお別れを申し上げます。ご長寿をお祈り申し上げております。

　　　　　　　サロン，1561年9月9日
　　　　　　　　　　　　　　　敬具
　　　　　　　　　　M・ノストラダムス
ロベール・アマドゥー編『ノストラダムスの占星術』

3『化粧品とジャム論』

ノストラダムスは，砂糖漬けの作り方を論じた著作の中で，彼によれば「一般大衆や庶民」向きのレシピをいくつも紹介している。彼は医師や占星術師としてさまざまな技術を実践するなかで，美食術を追求するという側面も持っていた。天然の素材の特性を探求して，素材を料理の上で活かすだけでなく，食餌療法や治療の効果をもたらすものとして活用しようとした。

ヴェネツィアの鉛白

ヴェネツィアの鉛白［油彩絵画に使う白色顔料］を3オンス程とり，それを画家に渡し，大理石の上で薔薇水とともにすりつぶしてもらう。鉛白が十分に挽かれたら，1リットル半の薔薇水か，あるいはいくらかの香水で溶き，大きな陶製の器に入れて少し温める。そして，理髪師にやってもらうように，誰か他の人に30分間顔を洗ってもらう。顔全体や，あるいはお望みの体の部分をよく洗ってもらったら，清潔なスポンジで拭きとり，水で顔をすすぐ。鉛白で3日続けて洗顔をしてから，毎朝起床して服を着る際に昇華物［昇汞，消毒薬として用いられていた］をつける。ただし，昇華物は一度にえんどう豆ひとつ分ほどの大きさで十分なので，たくさん使わないようにしなければならない。しまいには歯を痛めないようにするために，後述する香水を口にふくんでつねにすすぐようにすべきである。

歯を磨くために

かなり腐食した歯を磨くためのもうひとつのすぐれた方法。長い間錆が付着した歯については，白くすることは不可能である。しかし，この方法を用いれば，目に見える形ですぐに効果が得られる。

瓦として焼くと白くなるような空色の粘土を用意する。それをお好みの量だけとり，

長い時間をかけてよくこね，すべすべで粒がない状態にする。粘土がよい生地になったなら，お好みのやり方でそれを小さな細長い楕円形の形にして，天日で乾燥させる。十分に乾燥したら，陶器や瓦を焼く窯に入れて火にかける。素早く焼き上げたいのなら，鉄板やあるいは瓦やレンガの上にのせ，蹄鉄工用の石炭でおこした火にかけて，8分の1時間ほど鞴で吹く。そうすれば，3日間窯の中に入れておいた場合と同じように，完全に焼き上がるであろう。こうして楕円形の粘土が十分に焼き上がったなら，水を用意して，それを水の中に浸す。焼きたての粘土は水をよく吸収し，内部に芳香を閉じ込めるからである。これを使って歯を磨くたびに，歯から錆や腐食や悪臭が取り除かれ，口全体に1日中よい香りが広がる。こうした歯磨きを続けることで，どれほど黒ずんだ歯でも，象牙のように白くなる。さらに美しくするために（歯を何度か香水で洗浄した後で）歯を卵白で湿らせ，そこに金箔をはるのもよい。

奇跡の砂糖漬け

ウシノシタクサの皮を砂糖漬けにする方法。スペイン人はこれを「リングア・ボビーナ」と呼んでいる。この砂糖漬けには強心作用があり，痩せこけたりむくんだりするのを防ぎ，憂鬱を追い払って気持ちを快活に保ち，老化を防いで若返らせ，血色を改善し，健康を維持し，癇癪を起こしやすい人を怒りから遠ざける効果がある。

まず12月にウシノシタクサの皮をむく。なぜ12月かといえば，この時期のウシノシタクサはほとんど葉をつけていないからだ。葉が生い茂った時期や，花が咲いた時期のウシノシタクサを採取しても，有効な成分が茎や葉にまわってしまい，まったく価値がない。ウシノシタクサを採取したら，太い根を選び，皮だけをむき，その皮をできるだけこすらないようにしてよく洗う。幅はそのまま使い，長さは中くらいに切り分ける。皮の汚れを落とし，不要な部分を取り除いたら，泉から汲んできた十分な量の水で煮る。他の砂糖漬けと同じように，強火で十分に火にかけてから，穴あきスプーンで根をすくい，指幅2本分ほどの深さしかない口広の器に移す。根を茹でた水には，根の成分が溶け出しているので，捨ててはいけない。この煮汁に十分な量の砂糖を溶かし，完全なシロップ状態になるまで再び火にかける。もしも煮汁のせいで砂糖が黒ずんで，シロップの見栄えが悪くなってしまった場合には，精製してもよい。そうしたことが気にならなければ，その必要はない。砂糖が煮汁に溶けないと，その効果は低下する。それゆえ，シロップ状になるように，砂糖を煮込まなければならない。適量の煮汁で砂糖を十分に煮込み，熱を冷ましてから，それをウシノシタクサの皮に注ぎ，皮全体が砂糖を入れた煮汁に漬かるようにして，24時間放置する。24時間後，シロップだけを取り出して，灰汁をとりなが

らもう1度煮る。完全なシロップ状になるまで煮込んだら，慎重に火から下ろし，再び冷ます。完全に熱が冷めたシロップを再び皮にかけ，2，3日あるいは4日間放置する。あらかじめ定めた期間放置して，まだ煮詰める必要があるようなら，再び熱を加える。ただし，まだ熱を持っている砂糖を皮にかけないように注意する。また，砂糖とともにウシノシタクサの皮を煮てはならない。ウシノシタクサの皮に熱を加えると，皮革を焼いた場合のように硬くなってしまうからである。この点を注意しなければならない。砂糖漬けが完成したら，底の浅い器に移す。底の浅い器の方が，砂糖漬けを取り出すのに便利であり，また皮を窮屈な形にすることなく保管できるからである。こうすれば，壺の中身も見やすくなり，使うのにも便利だ。

ノストラダムス著『化粧品とジャム論』1555年

4 予言をむしばむ解釈という危険

16世紀の著者を理解する

ピエール・ブランダムールは、『予言集』を学術的に読解するとともに、人間の認識能力の限界を越え出ないような方法に基づいて分析することを提唱する。ブランダムールは、その分析を通して——残念ながら最初の353篇の四行詩に限られているが——「無謀な解釈」を巧みに告発し、それに対する有効な歯止めを提示している。

歴史家リュシアン・フェーヴルの表現に従えば、ノストラダムスも彼と同時代の人々と同様に、「不可能という感覚」を持っていなかった。一方、ノストラダムスの一部の注釈者たちは、その精神世界に共感することで、人間が自らの能力によって理解できる世界の境界線を越えてしまった。

「詩百篇」第1巻35番

若き獅子が年老いた獅子を打ち倒すであろう
戦場での一騎打ちによって
金のかごの中で、両目がくりぬかれる
ふたつの海軍(クラス)ひとつ、やがて死ぬ、残忍な死に方で

(ブランダムールは、1555年から1660年までに出版された異本(ヴァリアント)を検討してから、つぎにあげる「語彙」「釈義」「注釈」という三つの項目に従ってこの四行詩を分析していく)。

〔語彙〕「ふたつのものひとつ=ふたつの可能性しかない」(ディ・ステファノによる)
それゆえ、「ふたつの海軍(クラス)ひとつ」という部分は、敵対したふたつの船団のうち一方だけが勝利する、という意味である。1563年の暦にも、「海はキリスト教徒と異邦人の

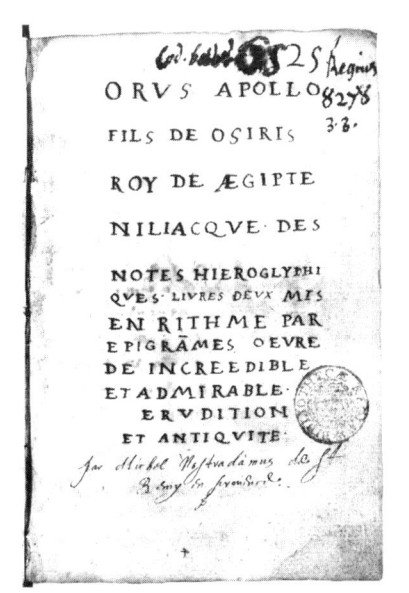

1967年になって発見されたノストラダムスの手稿「ホラポロ、オシリスの息子、ナイルのエジプト王」

さまざまな船や船団で、半ば溢れだすだろう。ふたつの海軍ひとつ」と書かれている。意味を広げて解釈すると、死闘の中で敵対するふたつのもののうち、一方だけが生き残る、という意味になる。

〔釈義〕 若い獅子が戦場で一騎打ちをして、年老いた獅子を打ち破るであろう。若い獅子は黄金の兜を被った年老いた獅子の両目をくりぬくだろう。ふたつの船団が戦えば、必ず一方が勝利を収めるものである。そして、敗者は無残な死に方をするだろう。

〔注釈〕 この有名な四行詩——のちにビュジェ［19世紀後半のノストラダムス研究者］は「信者の喜びと不信仰者の悪夢」の詩と呼ぶ——は、アンリ2世の命を奪った1559年7月1日の馬上試合を予言したものとされてきた。アンリ2世はその日の馬上試合で、槍の一撃を目に受け、数日後亡くなった。しかし、この詩と馬上試合は、16世紀末になって息子セザール・ド・ノートルダムによって結びつけられたにすぎない。秘書ジャン＝エメ・ド・シャヴィニーは、まだその関連性を見出してはいなかったのである。ノストラダムス自身は、後に第3巻55番の四行詩でこの事件を予言したと主張している。実際には、この四行詩を読み解く手懸りは、それが書かれた意図に隠されている。ノストラダムスは、この詩で現実の出来事を記述しようとしたのではなく、空中に現れた超自然的な現象、すなわち将来の戦争とその解決を告げる天空の戦士という幻が出現したことを記しているのである。コンラート・リュコステネスは『驚異と予兆の年代記』の中で、1547年にスイスで、空中に現れたふたつの軍勢が激しく攻撃し合い、その下の地上では2匹の獅子が互いに相手の頭を噛み切ろうとしていたと報告している。軍勢と獅子の間には、白い十字架が水平に横たわり、その脚は殻竿に変容していた。これはノストラダムスの四行詩ではないが、それが書かれた背景を明らかにしてくれている。したがって、ノストラダムスが記述した超自然的な現象とは、2人の敵対する人物による空中での戦闘を意味し、その紋章には獅子が描かれていたのではないかと推測できる。さらに、一方が他方の兜の眉庇に槍を打ち込み、それが未来の勝利を暗示していると考えられる。一方の人物は若く、他方は年老いている。ノストラダムスがこれらの詩句を書いた1554年当時の視点に立てば、若い方はアンリ2世であり、黄金の兜をつけた老人はカール5世を意味していると思われる。こうして、伝統的な解釈が覆される！

ノストラダムス著『初期詩百篇集あるいは予言集』
「セザールへの手紙」と最初の353篇の四行詩に対するピエール・ブランダムールによる編纂と注釈、1996年

思想家ノストラダムス

今日，一部のノストラダムスの注釈者たちは，「科学的な正当性」や合理的で「卓越した思考」という視点に立った批判を，むしろ自分たちに科学論的なお墨付きを与えてくれるものとして利用するようになった。しかし，それは常に，正当な方法の代わりに算術を用いているだけの，これまでと変わらないはぐらかしに過ぎない。やはりつじつまあわせの算術的な手法を用いるパトリス・ギナールは，ウライク・イオネスクによって取り上げられたノストラダムスの3篇の四行詩に基づいて，論証を展開している。

「詩百篇」第8巻69番（天王星（ウラノス）の発見）

若者の傍らに（Aupres）年老いた天使が降りてきて
そして（Et）最後には若者の上に立つ
十年間は変化なく最も老いた天使に対してへりくだる
彼ら3人のうち1人は第8熾天使（セラフィム）

「詩百篇」第4巻33番（海王星（ネプトゥヌス）の発見）

木星（Juppitter）は月よりも金星と結びつき
白光から現れ（Apparoissant）
金星はネプトゥヌスの白色のもとに隠れ
ぶつぶつのある枝で火星に打たれる

「詩百篇」第1巻84番（冥王星（プルトン）の発見）

月（Lune）は深い闇で曇り
その（Son）兄弟は錆色（さぎ）に変わり
大貴族は長い間隠れ家に身を潜め
血まみれの傷で剣を生温かくする

イオネスクは，彼の主要な論文のひとつ（『ノストラダムスと土星外惑星』『アトランティス』325, 1983年）の中で，ノストラダムスは『詩百篇集』の第8巻69番，第4巻33番，第1巻84番の四行詩で，ノストラダムスの時代にはまだ知られていなかった三つの土星外惑星の発見について言及している，と主張する。

……「この3篇の四行詩は，ひとつのまとまりを形作っている。3篇のうちの1篇に当てはまる道は，それがどのようなものであろうと，同時に他の2篇に関してもその道をたどるようにと暗黙のうちに誘導しているのである」（イオネスク）。

ウェルギリウス〔古代ローマの詩人〕の『アエネイス』（10, 175〜177）では，「アシーラス」の名称で，腸卜官（ちょうぼくかん）と占星術師が話題にされている。「人間と神々を媒介する予言者アシーラス。動物の内臓も，天の星々も，鳥たちの言葉も，預言をもたらす雷火も意のままにする（アシーラスを通して啓示される）」。サロンの予言者〔ノストラダムス〕は，この神話的な占い師（アシーラス）の末裔とみなすことができる。なぜなら，当時まだ知られていなかった3つの惑星の存在が，サロンの予言者を通して啓示され

ているからである。3篇の四行詩の初めの2行は、明らかに折句(アクロスティック)を形作っている。つまり、各行の初めの文字をつなぐと、AEIALSすなわちAsilae(『アシーラスに』)となり、これらの四行詩は「アシーラス(Asilas)」に捧げられたものだと考えられるのである〔16世紀には、JとIは交替可能だった〕。

それぞれの四行詩には、この3惑星の名が示されている。海王星(ネプトゥヌス)は詩の中にそのまま名前が出てくるが、天王星(ウラノス)と冥王星(プルトン)に関しても、暗号化された形で名前が詩の中に暗示されている〔「プルトン」はローマ神話に登場する地下世界と死の神〕。それぞれの土星外惑星が発見された際に、天文学者がどのように名前をつけたのかについては、奇想天外なエピソードが残されている。〔訳注 天王星が発見された時、天文学者たちは、土星外で初めて見つかったこの惑星をすべての惑星の「祖先」と考え、「ウラノス」(ギリシア神話の最古の神、クロノス神の父)と名づけたといわれている〕。重要なことは、惑星の名前の由来となった神話の神々の特徴と、のちに占星術師によって性格付けされた各惑星の意味が、ぴったりと一致していることである。注目すべきは、発見以来惑星を表してきた持物(アトリビュート)が、発見の際に主題として立てられた図と、奇妙なほどよく似ていることである。『詩百篇集』の著者(ノストラダムス)は、この一致を見逃すことなく言い当てているように思われる。

(冥王星について記した)四行詩第1巻84番は、明らかに天王星の公転周期(84年)を示しており、さらには海王星発見の84年後に冥王星が発見されるという事実を表している。

四行詩第4巻33番(1巻から通算して333番目の詩)は、ふたつの惑星の公転周期とその調和を表している。つまり、333=84(天王星の公転周期)+249(冥王星の公転周期)=165(海王星の公転周期)+2×84(天王星の公転周期)。公転周期に関する方程式(天王星+海王星=冥王星)が注目に値するのは、誤差が0.1%未満だということである。また、333という数字は、海王星の公転周期のおよそ2倍に相当する(誤差1.04%)。このことは、先ほど指摘したように、四行詩は双対性に規定されているように見えるという事実によって補強される。

最後に、天王星について言及した四行詩第8巻69番(通算して769番目の詩)は、冥王星について記した第1巻84番が天王星の公転周期を示しているように、冥王星の公転周期を表している。すなわち、769=249(冥王星)+520(あるいは769=84(天王星)+165(海王星)+520)。この520という数字は、それぞれの惑星が発見された時の黄道上の位置を合計したものである。84°27′+327°05′+108°14′=519°46′、切り上げて520°。

このように3篇の四行詩を解釈すると、ノストラダムスは3つの土星外惑星の名と、その公転周期と、それぞれの惑星が発見された際の黄道上の位置を知っていたということになる。

証明終わり

〔監修者による補注〕
＊「詩百篇」第4巻第33番

　まず，件の四行詩を文字どおりに——つまりユピテルを木星などに置き換えることにしないでという意味で——訳してみる。

　　ユピテルは月よりもウエヌスに合わさって
　　まったき白さで現れ出でん。
　　ウェヌスはネプトゥヌスの白さの下に隠れて
　　マルスのぶつぶつのある枝で打ちのめされん。

　さきに訳出したパトリス・ギナールによれば，ユピテル，ウェヌス，ネプトゥヌス，マルスはそれぞれ，木星，金星，海王星，火星を表すことになろうが，もっとも信頼できる『予言集』の校訂版を著したピエール・ブランダムールはまったく異なった解釈を施しているのでここに紹介しておきたい。

　まずブランダムールは，第4行目の「(表面に)ぶつぶつのある」と訳した単語"granée"を"gravée"「重くなった」の誤植であろう，と推測する。1555年の初版ではたしかに前者で印刷されていたのだが，しかしnはv(しかもルネサンス期にはvはuと印刷されていたのでなおさら)が転倒した単純な誤植と見なせるという。実際，このたぐいの誤植は当時の印刷物に散見されるのである。すると，第4行目は「マルスの重くなった枝で打ちのめされん」と訳されることになる。

　つぎに，この四行詩は，引用文にあるような海王星の発見に関わるものではなく，錬金術に関する内容だと解釈される。ブランダムールは，この四行詩に先立つ第28, 29, 30番の四行詩がいずれも錬金術に関するようなのでひとつのシークエンスをなしていると考えているようだ。錬金術では伝統的につぎのような等値関係が認められている。つまり，サトゥルヌス(土星)は鉛であり，太陽は金，月は銀，ユピテル(木星)は錫，ウェヌス(金星)は銅，ウルカヌス(火と鍛冶の神)は火，マルス(火星)は鉄，メルクリウス(水星)は水銀，ネプトゥヌス(海の神)は水にそれぞれ対応しているのである(P. Brind'Amour, *Nostradamus astrophile*, Ottawa, 1993, p. 162)。このことを前提に，上の四行詩をパラフレーズすれば，つぎのようになる。「ユピテル〈錫〉は月〈銀〉よりもウェヌス〈銅〉と合体して，完全な白さを授けられて現出するだろう。ウェヌス〈銅〉はネプトゥヌス〈水〉の白さの下に隠れて，マルスで重くなった枝でもって〈鉄の付いた乳棒でもって〉打たれるだろう」。すなわち，錫と銅の合金が錬金術の実験の過程でできあがり，ついでその合金が水で冷やされ，鉄製の乳棒で粉末にされる，の謂だというのである。

PRÉDICTIONS ANNONÇANT LA CHUTE DE L'EMPIRE.

On a fait un curieux calcul qui démontre, avec les chiffres de l'histoire, que l'empire devait finir en 1870.
D'abord voici les chiffres cabalistiques qui avaient annoncé la fin du règne de Louis-Philippe :

Louis-Philippe, né en 1773. 1
                                         7
                                         7
                                         3
Époque d'avènement. 1830
    Total de déchéance. 1848

Amélie, née en 1782   1   mariée en 1809   1
                            7   8
                            8   0
                            2   9
                  1830   1830
                  1848   1848

Faisant un calcul semblable, on trouvait :

Napoléon III, né en 1808. 1
                                       8
                                       0
                                       8
Époque de son mariage avec Eugénie de Montijo. 1853
    Total de déchéance. . . . 1870

Eugénie, née en 1826   1   mariée en 1853   1
                            8   8
                            2   5
                            6   3
                  1853   1853
                  1870   1870

Tous les calculs donnaient donc pour résultat cette date fatale, 1870!

LA CHUTE DE L'EMPIRE PRÉDITE PAR NOSTRADAMUS.

Voici d'ailleurs ce qu'on lisait sur le même sujet dans la *Gazette de Cologne* du 31 août :
Le 2 décembre 1852, coup d'État.
Le 2 septembre 1870, Napoléon prisonnier.
D'après une prophétie de Nostradamus, le deuxième empire ne devait durer que dix-huit ans moins trois mois et pas plus, pas un jour de plus.
C'est du moins ce que le chevalier de Châtelain exprime ainsi qu'il suit dans ses *Ronces et Chardons*, page 181 :

Quand le second empire en Lutèce adviendra
(Ceci n'est pas, las! une facétie!),
Dix-huit ans, moins un quart, pas plus il ne vivra!
    Ainsi le dit dans son grimoire
En termes clairs, le grand Nostradamus.
Dix-huit ans, moins un quart, et pas un jour de plus.
Vive Nostradamus! vive son répertoire!
Vive Nostradamus! le grand Nostradamus!

ノストラダムスの著作に記された数字を利用して論証する方法は、注釈者たちに最も頻繁に用いられてきた手法のひとつである。こうなると『予言集』は、もはや数学的なゲームや、多くの場合政治的なゲームを行うきっかけでしかなくなる。

　ノストラダムスは『予言集』の序文にあたる「セザールへの手紙」のなかで錬金術を断罪していたのだが、錬金術への関心は覆い隠すべくもなかったのである。

　さて読者は、前掲のギナールの解釈とこのブランダムールの解釈、いったいどちらを支持されるだろうか。もちろんこれ以外の解釈も可能であることはいうまでもない。ともあれ、ノストラダムスの多義的な四行詩をめぐっては、これほどまでに解釈が分かれるというひとつの見本である。

終章 <small>エピローグ</small>

　もしもノストラダムスが炎の中に未来の出来事を見ていたのなら、もしもシュルレアリスムの文章を中高生の簡単な文にまで格下げしたような文体でその未来の出来事を書き写していたのなら——500年にわたる文献学的な解読は彼の文章にまだ正面から取り組んでいない——、もしもノストラダムスが数世紀にわたる暗い合理主義の時代を越えて自分の著作が伝わるように暗号を使っていたのなら（しかも公立図書館は初期の諸版本の痕跡を執拗に消し去ろうとし

てきた)、数十年前から興行の世界と融合してきた「歴史」は、プロヴァンスの予言者が凝視したことを追認しているだけなのである。そして、もしも実際にそうした歴史が500年前からノストラダムスの『詩百篇集』の後を追いかけてきたのなら、現実を変えようとする意志や現代のイデオロギーが持つ傲慢な教義は、まやかし以上のものではない。(スピノザはそれについての理論を練り上げた)。ユダヤ人を祖先に持つこの2人の思想家は——1人は予言者兼思想家で、もう1人は哲学者兼予見者だ——、おそらくユダヤ＝キリスト教的な存在論を激しく非難した最初の人々である。この存在論の「唯一の」思想は、究極にして、最もくだらない災難なのである。

予言的な著作によって生み出された内在性の筋書きを尊重する意識、つまり未来を見通すという筋書きを尊重する意識の中に、四行詩や予兆を通して反響が生じ、そうした四行詩や予兆によってもたらされた注意や情動が、その反響で十分に満たされるならば、これらの四行詩や予兆の主な性質が単純に解釈を招くか否かなど、重要なことではない。

パトリス・ギナール「ノストラダムスは土星外惑星を知っていたか？」
2000年、インターネット上のサイトにて
cura. free. fr/05nostra. html

秩序への欲求

たしかに、ジャン＝シャルル・ド・フォンブリュヌの方法は、危険なものに見えるかもしれない。あるいはギー・タラドの風変わりな解釈も、笑いの種になるであろう。しかし、一部の他の注釈——たとえばウライク・イオネスクによる「イスラムという敵」に対する十字軍という解釈——は、いっそう憂慮すべきイデオロギーに基づいている。

ノストラダムスの予言が実現する日付については、占星術で用いる計算や、多少とも数学的な「手懸り」や、降神術の助けを借りて、その日時が割り出されたり、でっち上げられたりしてきた。

実際には、ノストラダムスの予言は、聖書による年代学に基づけば第7000年紀末、言い換えれば魚座の時代の終わり、すなわち西暦2000年頃で終わっている。だが、ノストラダムスはこうした情報を巧妙な計算の背後に隠している。その計算を再現するためには、「アンリ2世への手紙」に書かれている、次のような聖書の年代学に基づかなければならない。

「最初の人間アダムがノア以前に存在した」。アダムからノアまで1242年間。
「ノアのあとアブラハムが現れた」。ノアからアブラハムまで1080年間。

「その後,モーゼが出現した」。モーゼ出現まで515年間。

「モーゼとダヴィデの間に」570年間。

「ダヴィデから救世主イエス・キリストまで」。1350年間。

つまり,アダムからイエス・キリストまで,計4757年の時間が流れたことになる。

ところで,「セザールへの手紙」の中では,ノストラダムスは次のように書いている。「私は数巻の予言書を書いた。それには(私が執筆をしている)現在から3797年までの終わりのない予言が含まれている」。

彼が執筆をした時点(「セザールへの手紙」には1555年の日付が記されている)から3797年まで,2242年ほど隔たっている。

この時間の隔たりを既に示した聖書の年代学の時間に加えると,4757+2242=6999となる。つまり,聖書の年代学では第6999年紀,西暦では1999年。これは反キリストの戦争が始まる時として,ノストラダムスによって明示されている年である。

「詩百篇」第10巻72番

1999年七つの月

空から恐怖の大王がやって来て

アンゴルモワ(原注1)の大王を蘇らせる

マルスの前後に幸運で統べるため

(原注1) アングーモワ地方〔フランス西部〕は,西ゴート人によって征服され,その後間もなくして,「神からの懲罰」と呼ばれたアッティラ〔406頃~453年〕率いるモンゴルのフン族の脅威にさらされた。フン族がフランスとイタリアを破壊するために,まずパンノニア〔現在のハンガリーにほぼ相当〕を占領したという事実の中に,完全な類似性を見て取ることができる)。

〔解釈〕 1999年7月——恐ろしくて偉大な指導者が空からやって来て——アングーモワ地方の偉大な征服者を生き返らせる——その前後で,幸運にも戦争が広まる。

ノストラダムスは,予言の中に日付を明示することはほとんどしなかった。1999年以外では,「アンリ2世への手紙」の中で次のように書き記している。「そしてそれ(君主制)は1792年まで続き,その年は時代の変革の時と信じられるようになるでしょう……」。

ノストラダムスが自分の幻視(ヴィジョン)に基づいて書き記した予想から判断すると,このふたつの日付はそれ自体として重要だというよりも,出発点や到達点としての価値を持っていると考えられる。つまり,1792年はキリスト教の時代(魚座の時代)の終わりの始まりを表し,1999年はキリスト教の時代の終わりそのものを意味している。1999年を境に,すさまじい産みの苦しみの中で水瓶座の時代が始まる。しかし,この苦しみは,エスカレートしていく破壊活動から人間が抜け出すために必要なものなのである。それゆえに,ノストラダムスは四行詩をあ

の意外な一行で締めくくっている。「マルス（戦争）の前後に「幸運で」統べるため」。

ジャン＝シャルル・ド・フォンブリュヌ著『ノストラダムス——歴史家そして予言者』1980年

宇宙からの侵略

　未確認飛行物体〔UFO〕の問題は，人間の知性が考察できる最も不可思議なものをはるかに越えている。そのために，おそらくこの問題に対する解答はとてもシンプルであるにもかかわらず，私たちには答えが非常に複雑に見えてしまうのである。私たちはジグソーパズルのピースをすべて持っているのだが，ピースは散乱した状態になっている。ノストラダムスは「詩百篇」第10巻の中で，1999年7月に，地球外生物が戴冠式のために地球に降り立ち，それによって私たちは謎を解く鍵を手に入れる，とほのめかしている。その時，私たちは長い間「綴れ織り」（タピスリー）を裏側から見ていたことに気づくであろう。直感的認識が輝くためには，真昼の日差しの輝きと同じように，夜明けの光が必要だ。今の私たちは，まだそのような夜明けにいるのだ。予言者や詩人や「幻視者」だけが，その認識能力によって，一般の人々には閉ざされた世界に侵入できる。多くの場合，彼らこそが，合理主義者を狼狽させるような真理を握っているのである。

サロンの魔術師〔ノストラダムス〕の「詩百篇」第10巻72番の四行詩には，こう書かれている。

1999年七つの月
空から恐怖の大王がやって来て
アンゴルモワの大王を蘇らせる
マルスの前後に幸運で統べるため

この四行詩にジェラール・ド・ネルヴァルの詩句〔「デルフィカ」，『幻想詩篇』所収〕を加えてみよう。

　やがて帰り来るだろう，君がいつも嘆いている，あの神々は！
　時は，昔の日々の秩序を，また齎（もたら）そうとしている
　　　　　　（中村真一郎，入沢康夫訳）

　たとえ社会から排斥されている事柄であっても，被造物の大いなる神秘を「タブー」とは思わない人々にとっては大切に思える事実が存在する。そうした事実を探求するために科学の限界を進んで越えようとする著作にとっては，このネルヴァルの詩句は間違いなく最良の結論となる。

ギー・タラド著『空飛ぶ円盤と宇宙の向こうにある文明』，１９６９年

新たな十字軍

「詩百篇」第10巻72番に関する説明

1999年も7ヵ月が過ぎ、恐ろしい皆既日食が起こる8月11日に、大王が生まれ、天空から派遣されてくる。この王はキリスト教徒の敵にとっては、「恐怖」となるであろう。

それは、いわばアングーモワ地方を征服し、初めてキリスト教に改宗した王クローヴィスの化身である。(『アンゴルモワの大王を蘇らせる』)

周辺に住む蛮族を征服したクローヴィスのように、またアジアの遊牧民を征服したクローヴィスの祖父メローヴィスのようにこの未来の王はイスラムの侵略者や、かつてモンゴルに服従していた国々や中国から来た侵略者たちを追い払うであろう。[ここではアンゴルモワ(Angolmois)をモンゴル人(Mongolais)のアナグラムと解決している。]

大王が到来する前後に、戦争が起こる。(『マルスの前後に幸運が統べる』)

こうして、2篇の四行詩は互いに明確になり、大君主の到来という非常に重要な出来事を解き明かしてくれる。

M-T. ブロス) このような説明は、今まで示されてきた説と比べると、まったく新しいものですね。これまでの説では、たいてい「恐怖の大王」は大規模な災害と解釈されていました。でも、本当のところ、そのような解釈は安心できるのですよね。

V. イオネスク) 世界の終わりも、破滅も、反キリストも意味しませんからね。だから、そのような解釈は小学生並みの誤りなのです！ 「この王はフランス国王アンリ2世となるでしょう」。

M-T. ブロス) 共和制のフランスが君主制を復活させるなんて、想像し難いですね！

V. イオネスク) それでも、この未来の大君主は、王家の血を引く者なのです。

ウライク・イオネスク、マリー＝テレーズ・ド・ブロス『ノストラダムスの最終的勝利』、1993年

フランソワ1世の黄金時代

「詩百篇」第10巻72番の有名な四行詩について、フォンブリュヌ、タラド、イオネスクによるそれぞれの解釈が著者も述べるようにいかに突飛で、お笑い種であるかは以上に見られるとおりである。これらの珍解釈は誤読によるものであることはもとより、ノストラダムスの四行詩を16世紀フランスという歴史的・思想的文脈から考えることを怠ったがために引き起こされたのである。ここに比較考証の材料として、監修者による解釈を掲げておきたい。

「詩百篇」第10巻72番

1999年7つの月、
恐怖の大王が空より来らん、

アンゴルモワの大王を蘇らせん，
マルスの前後に幸運で統(す)べんため。

　いうまでもなく，わが国でももっとも注目され，ポピュラーになった四行詩である。新興宗教などに利用されて，徒(いたずら)に世界の終末が喧伝される大本になったものでもある。しかしよく読めば分かるように，ノストラダムスは終末論的なカタストロフを明示しているわけではない。恐ろしい力（「恐怖の大王」）が空から降りてきて，「アンゴルモワの大王」を蘇生させるわけであるが，問題はこの大王がいったい何者なのかということである。「アンゴルモワ」(Angolmois)をモンゴル人を意味する「モンゴロワ」(Mongolois)のアナグラムだと見做して，チンギス・ハンを意味すると唱える注釈者が大勢を占めている。だがそのようなアナグラムをここに持ち出す謂(いわ)れはないように思われる。「アンゴルモワ」は異本文にもあるように「アングーモワ」(Angoulmois)と同じ語である。この時代にはoとouの綴り字は交替可能だった（注1）。したがってアングーモワの王といえば，ノストラダムスの時代にはアングーモワを領地とするアングレーム伯——後のフランソワ1世——が想起されるのが本当のところであろう。事実，予言者はたびたびフランソワ1世とその治世を四行詩のなかで喚起しているのだが，とりわけ第3巻27番は文芸復興の父としてのフランソワ1世を婉曲に讃美する詩になっている。科学と芸術と信仰の復興者，調和と平和の幸福な時代たる「黄金の世紀」を招来した国王として，フランソワ1世は同時代の多くの文人や人文主義者から高く評価されたのだった。時代の風潮が戦争や飢饉などですさんでくれば，そのときますますフランソワ1世の黄金時代が憧憬の念とともに回顧されることになった。ノストラダムスもこうした文脈に置く必要があるのである。フランソワ1世の記憶が未ださほど褪(あ)せていなかったであろうノストラダムスが予言していたのは，世界の終末どころか，むしろこの文芸の父の黄金時代の再来だったのではないか。もっと言ってしまえば，友愛に溢れて徳高く，平和と正義と真摯な信仰が統べる千年王国への希求を読み取ってもいいのではないか。しかしフランソワ1世はたんなる文芸の父ではありえず，それは好戦的な，雄々しい王，カール5世と覇権を競って戦う王でもあった。それが第4行で仄(ほの)めかされていることではないのか。つまり，予言者はフランスに——けっして日本になどではないのだ，ノストラダムスの想像力に東洋の果ての国が占める余地はなかった——フランソワ1世を思わす好戦的な王が生まれ，黄金時代が訪れるのを予見しているのである。それが1999年7月のことだという。ところで天文学者の計算によれば，同年の，ユリウス暦の7月29日，グレゴリオ暦でいえば8月11日に日食が生ずるらしい。ノストラダムスが何を典拠に用いたかは不明だが，あるいはこの日食のことを知っていて，こ

の四行詩でそれを暗示しているのではないか,とはブランダムールの説である（注2）。

ところでノストラダムスは,当然のことではあるが,具体的な年代明示をほとんど避けていた。稀に明示したとしても,その予言はたいてい外れていて当てにならないことを忘れるべきではないだろう。1555年3月1日付けの息子セザールへの手紙のなかで,ノストラダムスはつぎのように書きつけていた。「私がこれを書いている日から,177年と3カ月と11日以前までに,悪疫と長引く飢饉と戦役と,さらには洪水とによって,世の人々は今のこの時とたったいま指示した期限の間に,その前後何度にもわたって,はなはだしく減少し,ほとんど生き残る人はいなくて,畑仕事をしようとする者はもはや見つからぬくらいで,田野は［耕作に］服従させられていたのと同じくらい永い間,耕作されなくなるであろう」（ブランダムール版,第45節）。この文章にある年代の計算は明瞭であろう。1555年に177年を加えれば,1732年。3月に3カ月を加えれば,6月。1日に11日を加えて12日。さて,1732年6月12日にいったい何が起こったか。なにも起こらなかったのである。

（注1）だからたとえば,コトグレイヴ(1611)やニコ（1621）の辞典などを参照すると,「悲嘆」を意味するdouleurにもうひとつdoleurが併記されることになるのである。これは16世紀にもなお,oの発音が〔オ〕と〔ウ〕との間でためらいが残っていたためである。これに関して,ひとつ愉快な逸話をタブロー・デ・ザコールの『雑集』（1588）から紹介しておこう。タブーロが召使をさる法服貴族の奥方のもとにやり,ご主人が所蔵している法学者ボダンBodinの著書を借りてくれるよう頼んだ。その奥方はタブーロに会った日に,冗談めかしてこう言ったものだ,「あなた,私の亭主の「腸詰め［ここでは猥褻な意味で用いられている］」boudinを借りてどうなさるおつもり。あなたのものでは充分でないの」(E. Tabourot, *Les Bigarrures*, éd. F. Goyet. Genève, 1986, f. 62v⁰-63r⁰)。Bodinがboudinと発音されていたために生まれた,やや卑猥な冗談である。また, N. Catach(sous la dir.), *Dictionnaire historique de l'orthographe française*, Paris, 1995, p.87にも手軽で有益な情報が載せられている。

（注2）P. Brind'Amour, *Nostradamus astrophile*, Ottawa. 1993, pp.262-263.

『ノストラダムス 予言集』高田勇・伊藤進編訳・岩波書店, 1999

ヴァレンヌ逃亡事件

『詩百篇』第9巻20番の四行詩は、高名な神話学者ジョルジュ・デュメジルによって、ルイ16世の逃避行と逮捕（いわゆる「ヴァレンヌ逃亡事件」）という歴史的事件とのあいだに存在する対応関係を逐一リスト化されたことで、とりわけ有名になった（本書、80−81頁を参照）。エリボンとの対話のなかで、デュメジルは「自分の娯楽」のためにノストラダムスに当ててこの「茶番劇」をものしたと語っているが、彼もまたノストラダムスを16世紀の知的環境に置いて考察することを怠ったといえよう。ノストラダムスは、「室内で」も手軽に読める道路案内書、旅行案内書として当時多くの愛読者を持ったエチエンヌの『フランス街道案内』をたぶん参照しながら、四行詩に謎を仕掛けたと思われるのである。時あたかも「固有名詞学(オノマスティック)」が重視された時代であった。

『詩百篇』第9巻20番

夜陰にレンヌの森に来ん、
ヴォルト、エルネ、ラ・ピエール・ブランシュを通る
灰色をまといしヴァレンヌの黒き修道士は。
長(おさ)に選ばれて惹き起こさん、嵐を、火を、血を、切断を。

これは、第1巻35番やさきに見た第10巻72番と並んで、ノストラダムスの予言詩のなかでもっとも有名なもののひとつである。ただし訳はご覧のように、今までに紹介された読みとはまったく異なっていることに狼狽される読者も多いであろう。この読みの根拠は後述するとして、とりあえずこの四行詩の伝統的な、ほぼ一致した解釈を振り返っておこう。

1791年6月20日、国民議会の指導者で、王政の廃止までは考えていなかったミラボーが病死して、それまでの国民議会とのパイプが切れると、ルイ16世は王妃マリー・アントワネットに勧められて、オーストリアの援助によって革命に対抗すべく一家とともに国外逃亡を企てた。しかし21日の夜から22日にかけて、東北国境近くのヴァレンヌで捕らえられ、パリに連れ戻されて軟禁となった。国民の王への信頼と同情が一挙に失われ、共和勢力の急速な擡頭を促す契機となった、名高い「ヴァレンヌ逃亡事件」である。件(くだん)の四行詩はこの事件を予言していたと見做されていたのである。

こうした解釈を許すには、ノストラダムスの言葉の曲解しかありえなかった。第一行の「森」は怪しげなラテン語に強引に結びつけられて「門、扉」と読まれ、第二行の「二つの方向」——上の訳では「……を通る」と読んだことについても後述——は「ペア、夫婦」とされ、「ヴォルト」は「曲がりくねった谷間」と、「エルネ」はアナグラムで「王妃」と、「修道士」は「ただ……

だけ」と,「黒き」はアナグラムで「王」と——第4巻47番におけるのと同じ手法——,「長」は「(カペー朝を開いた)カペー」とそれぞれ読まれてしまう。かくてできあがる解釈はこうなる。結婚した夫婦が,王だけは灰色の服に身を包み,白い服を着た宝石たる王妃ともども,夜陰に乗じて王妃の扉口からそっと出ていき,曲がりくねった道を進み,ヴァレンヌ市内に入る。カペー選出王(選出された君主,ルイ16世)は嵐と火と血と斬首を惹き起こすだろう,と。しかしそれにしても,逃亡を図ったのは国王夫婦であって「2組のペア」ではないのだし,ヴァレンヌへ行く途中に「レーヌの森」——訳では「レンヌ」と解した理由も後述——はなく,あるとしたら「アルゴンヌの森」なのである。このように検証すれば,アルゴンヌの森を抜けての王家の逃亡劇がこの四行詩の主題になっているのではない,と断言できるのである。

この詩の難解さは第2行にある。まったくシンタックスを否定した体をなしているからである。そのためにさまざまな解釈を招いたのだった。そのなかでも,ジョルジュ・デュメジルはかなり魅惑的な解釈法を提示しているが(注1),これを凌駕するようなきわめて説得的な解釈が最近になって発表された(注2)。私たちの訳もこの解釈に従ったものである。結論から言ってしまえば,第2行はたんなる地名の羅列にすぎない。

まずヴァレンヌという地名から見ていこ

う。この地名からたいていの注釈者は逃亡事件の舞台を想起した。しかしフランスにヴァレンヌの名を冠する町は,少なくとも24(!)もあるのだ(注3)。ノストラダムスの時代の道路案内書,シャルル・エチエンヌの『フランス街道案内』(1553)によると,三つのヴァレンヌが同定できる。現在の県名でいう,ロワール=エ=シェール県とアリエ県とメーヌ=エ=ロワール県の,それぞれのヴァレンヌである。なかでも最後のヴァレンヌに通じる道路と,それに隣接した2コース,計3コースを検証していくと面白い事実に気づかされる。①「ブルターニュ地方最初の町,ヴィトレへ:アランソン→[……]→サン・ジョルジュ,マイエンヌの森を通る→ヴォトルト→エリュエ→[……]→ヴィトレ(注4)」,②「レンヌへ,いちばん真っ直ぐな道:[……]→サン・ジョルジュ→ヴォトルチュ→エリュエ,荒野,その中央に一本の楡の木か,ないしは旗が立っていて,メーヌ地方とブルターニュ地方を分け隔てている→[……]→ロフレ,レンヌの森→レンヌ(注5)」,③「アンジェを通ってレンヌへ:オルレアン→ブロワ→[……]→ヴァレンヌ→[以下省略(注6)]」。これらに続けて,もうひとつのコースも記されている。④「モンフォールへ:レンヌ,上記の道へ→ウザン→レルミタージュ→ラ・ピエール・ブランシュ→モンフォール(注7)」。傍線部の地名とノストラダムスの詩に出てくる地名とを見比べていただきたい。そこにレンヌの森も,

ヴォトルト——16世紀フランス語の正書法は流動的で、いくつかの綴りの可能性があったが、ヴォトルトとヴォトルチュも綴り字こそ違え同一語である——も、エリュエ——これも今日のエルネの綴り字上の一変形——も、ラ・ピエール・ブランシュも、そしてヴァレンヌもみな揃っているではないか。こうして「ラ・ピエール・ブランシュ」はヴォトルト付近のメンヒル(巨大な自然石を垂直に建てたもの)のことだと了解される。

このように見てくると、第二行冒頭の句「二つの方向」(deux pars)は、ことさらにテクストを難解にする働きのあるノストラダムス特有の言葉遊びのひとつと考えて、「……を通って」(depar)と解釈しても許されるであろう。ラ・ピエール・ブランシュはパリ―モンフォール間の道路に沿ってレンヌの東に位置し、エルネとヴォトルトの西に位置しているので、ヴォトルト→エルネ→ラ・ピエール・ブランシュを経て、レンヌへとたどり着くのである。もちろん、文字どおり「二つの方向」と解して、こちらの方向からも行くし、あちらの方向からも行く、ととることも不可能ではない。ノストラダムスのテクストの多義性のしからしむるところではある。

こうして、ノストラダムスは地理書の代わりにもなったエチエンヌの道路案内を参照しながら、同じ地名を並べていったと考えることができる。そもそも「詩百篇」第9巻は地名を含む四行詩がかなり多いが、予言者が個人的に知りえた地名を自身の詩法の基本的な要素として使っているに相違ない。その手法を縦横に発揮するひとつの典拠をエチエンヌに見出したことは大いにありえよう。

最後に、ノストラダムスにおいて「灰色」という色彩はコルドリエ派(フランシスコ会派)修道士の着る衣服を暗示するらしい。

(注1) G. Dumézil, 《...*Le moyne noir en gris dedans Varennes*》, Paris, 1984.

(注2) Ch. Liaroutzos, 《Les prophéties de Nostradamus: suivez la guide》, *Réforme, Humanisme, Renaissance*, No 23, 1986, pp. 35-40, repris dans id., *Le pays et la mémoire*, Paris, 1998, pp.221-228.

(注3) たとえば、*Index Atlas de France*, Rennes, 1978.

(注4) Ch. Estienne, *La Guide des chemins de France de 1553*, éd. J. Bonnerot, Genève/Paris, 1978 (réimpr. de 1936), pp. 136-137.

(注5) *Ibid.*, pp. 137-138.

(注6) *Ibid.*, pp. 138-139.

(注7) *Ibid.*, p. 140.

『ノストラダムス 予言集』高田勇・伊藤進編訳 岩波書店、1999

5 日付のある予言

『予言集』の四行詩のうち0.5%だけに、日付が明示されている。その点で、予言的な幻視(ヴィジョン)は単なる予言とは異なるのである。

ミシェル・ショマラは、ノストラダムスの全著作に目を通し、明確に記されたいくつかの年号について調査を行った。

1607年

「詩百篇」第6巻54番

二番鶏が鳴く早朝に
チュニス、フェズ、ブージー(ベジャイア)の人々
アラビア人によってモロッコ王は囚われの身
典礼的計算による1607年に

「1607年」という日付は、ノストラダムスの著作の中に何度も登場することから考えて、重要な年であるように思われる。たとえば、1568年になってようやく出版された「詩百篇」第8巻71番の四行詩には、以下のように書かれている。

天文学者の数がこんなにも増え、
追い払われ、追放され、著書を発禁にされる
1607年、聖なるグロムをもってしても
祭でいかなるものも安全を保障されないであろう

[グロムは油で揚げられたワイングラスの形をしたお菓子で、ミサのときに使用される]

この「1607年」という日付は、1554年に書かれた「1555年用の暦」に既に登場していた。ジャン＝エメ・ド・シャヴィニーが『散文予兆集』の中で伝えているところによると、ノストラダムスはその「暦」の中で、次のように書いていた。

「この月の終わりに、そして別の月の一部のときに、いくつかの国々でヴェスヴィオ山ないしパエトンの大火がいつか再来するのではないかと懸念されるだろう。その日の一部が1607年に間違いなく達するほどに」。

のちに、ノストラダムスは、1560年に執筆した「1561年用の暦」の中で、4月の下弦の月の項に、以下のように書いた。

「さまざまな宗派が入れ替わり現れるだろう。すべては無知な人々によってなされるだろう。くだらない言葉につまった頭で問いを発することはあっても、何であるのかわからない人々によって、改悛が離れていくだろう、1607年の遅い時期に」。

ノストラダムスが同じ日付を少なくとも4回も繰り返しているのだから、同時代の注釈者たちは注意を向けるべきであったのに、そうはしなかった。奇妙なことに、注釈者たちがこれらの四行詩に関心を向けるようになったのは、19世紀以降、とりわけ20世紀に入ってからなのである。

このように、『詩百篇』第6巻54番の四行詩は16、17、18世紀にはいかなる注釈もされなかったにもかかわらず、19世紀になってふたつの注釈、20世紀に入ると少なくとも85種の注釈が加えられた。

1792年

私たちの研究テーマとの関連で、1568年版の『予言集』の内容を検討してみよう。1568年版では、日付の入った3篇の四行詩に加え、「アンリ2世への手紙」の中で、「1792年」という年について次のように記載されている。

「……かつてアフリカで起こったものよりも大きな迫害がキリスト教会に加えられるでしょう。それは1792年まで続き、その年は時代の変革の時と信じられるようになるでしょう」。

この1792年という日付は、リシャール・ルーサが示した1789年と同様に、これまで数多くの注釈が加えられてきた。リシャール・ルーサは、1550年にリヨンで出版された『時代の状態と変化の書』の中で、次のように書いている。

「話題を変えて、占星術師諸氏が予言する大規模で途方もない 合(コンジャンクション) について話そう。占星術師諸氏によれば、我らの主(しゅ)の年の頃、1789年に合が生じ、それとともに土星は10回の公転周期を迎える」。

1568年版の『予言集』には、1792年の日付と、すでに言及した第8巻71番の四行詩

以外に、日付が明示されている四行詩が2篇ある。どちらも第10巻に含まれている。

1999年

ひとつは、第10巻72番の四行詩である。これはおそらく『予言集』のすべての四行詩の中で、今日最も多くの注釈が加えられている詩だ。

> 1999年七つの月
> 空から恐怖の大王がやって来て
> アンゴルモワの大王を蘇らせる
> マルスの前後に幸運で統べるため

……増えつつある私たちの仲間の間で、世界の終焉というイメージがもたらす大きな戦慄が、ある種の陶酔感とともに駆け巡っているように見えるかもしれない。だが、それはこの日付に占星術に基づいた論理的な説明を加えることができるからなのだ。ピエール・ブランダムールが正しく指摘しているように、私たちは1999年8月11日に日食を目の当たりにすることになる。この日食のために、少なくとも2分間、インドから、フランスを含むヨーロッパを経由して、アメリカに至るまで、数多くの町が完全な暗闇に閉ざされる。私たちの国〔フランス〕でも、シェルブール、ルーアン、アミアン、ランス、メス、ナンシー、ストラスブールが、きわめて稀なこの現象に見舞われるに違いない。しかし、ノストラダムスが彼の時代にどのようにしてこの日食を予想できたのか、相変わらずわかっていない。

1609年

『詩百篇』第10巻の中で明確な日付が記されたもうひとつの詩は、91番の四行詩である。

> ローマの聖職者は1609年
> その年のはじめに選ばれるであろう
> 灰色と黒の会派出身の
> その人は決して邪悪な人ではない

この四行詩については、ノストラダムスがなぜ「1609年」を選んだのかを、占星術やその他の論理を用いて説明することは困難だ。そのため、ピエール・ブランダムールも占星術に基づいた推論を放棄して、陰鬱な様子で、次のように投げやりに解釈する。

「1609年1月1日に、黒と灰色の服を着る修道会出身の教皇が選出される……」。

奇妙なことに、ジャン・デュペーブも同じような解釈をする。デュペーブの推測によれば、この詩はイエズス会に対する攻撃を表している。というのも、「会派出身の(de la Compagne yssu)」という部分が、「イエズス会 (de la compagnie Jesus)」を連想させるからである。

『予言集』に記載された日付の謎を解明

しようとする最初の取り組みを終えて、次のような問いが浮かんだかもしれない。なぜこれらの日付であって、他の日付ではないのか？ なぜ日付の入った予言がこれほどまでに少なくて、かろうじて全体の0.5%にすぎないのか？

　忘れてはならないのは、1554年から1566年までの間、ノストラダムスは『予言集』と平行して、「暦（アルマナック）」を書いていたということである。「暦」の中では、翌年に起こる出来事が、月ごとに明確な日付とともに記されている。すると、当然のことながら、次のように考えたくなる。私たちが『予言集』で目にする日付は、ノストラダムスがもっぱら「暦」の中でだけ用いようとした日付を記入するという手法の残滓なのではないか。『予言集』では、予言的な言説があっても、明確な日付や年代学がほとんど完全に排除されており、「暦」とは明らかに事情が違っている。

ミシェル・ショマラ著「ミシェル・ノストラダムスが『予言集』の中で明示したいくつかの日付」、『16世紀の予言者と予言』収録、1998年

INDEX

あ

アグリッパ, コルネリウス, ネッテスハイムの　16,17,27,103
『神秘哲学について』　16,103
麻原彰晃　93
アナグラム　43,47
アベリオ, レイモン　92
アマドゥー, ロベール　74
アリストテレス哲学　22
アルブロン, ジャック　35
「アルマゲドン」　72,73
アンベール=ネルガル, R　59
『オカルト科学は科学にあらず』　59
アンリ2世　27-29,33-34,36,37,38,65,66,68,85,98
——騎馬槍試合　28
「——への手紙」　37,66,68,85,114-116,141
アンリ3世　29
アンリ4世　29
イアンブリコス　103
イエズス会　29,47
イオネスク, ヴライク　91,92,127,134
インターネット　96,97,98,99
ヴァーチャル　75
ヴァレンヌ逃亡事件　66,80,137-139
ヴィシー政権　88
ヴェルナー, クリスチアン　84
ヴォゼル, ジャン・ド　28
エクス=アン=プロヴァンス　19
エジプト　55
エチュガレー, ロジェ　61

か

エリツィン, ボリス　92
「カイエ・ミシェル・ノストラダムス」　74
「カイエ・ラショナリスト」　58
怪物　39
カシニ, ジャン=ドミニク　46
カトリック　36,38,60
カトリーヌ・ド・メディシス　27,28,29,31,34
カバラ　16,17,34,57
カリオストロ　54
カルデック, アラン　51,53
『霊媒の書』　51
飢饉　38,110
ギナール, パトリス　127-128,130-131
9・11テロ　96,97,99
共産主義　83,91,92
行商人（書籍の）　48,49
クヤール, アントワーヌ　36
クラフト, カール・エルンスト　88,90,91
グランプレ, ジュール・ド　57
『未来を予言する術』　57
グリピン, ジョン　71
クレスパン, アントワーヌ　46
『化粧品とジャム論』　19,122-124
ゲッベルス　89
黄道十二宮　20,23
交霊術　51,53,54,73
暦　21,22,23,31,33,35,48,49,65,66,99
ゴルバチョフ, ミハイル　92

さ

最後の審判　38
サロン=ド=プロヴァンス　19,34,36,77,79,99
サン=バルテルミーの虐殺　39
サン=レミ=ド=プロヴァンス　50,77
「詩百篇」
第1巻1番　24,27
第1巻2番　24,27
第1巻35番　28,125-126
第1巻55番　43
第1巻84番　127-129
第2巻6番　109-111
第3巻12番　42
第3巻21番　39
第3巻58番　24
第3巻63番　43
第4巻33番　127-130
第5巻17番　88
第5巻21番　87
第5巻48番　66
第6巻54番　140
第8巻43番　66
第8巻69番　127-129
第9巻20番　137-139
第9巻90番　87
第10巻72番　96,132-136,142
第10巻91番　142-143
『詩百篇集』　15,24,33,37,42,43,46,49,54,63,64,66,74,75,79,80,81,93,94,99→『予言集』をも見よ
シャヴィニー, ジャン=エメ・ド　18,64
『故ノストラダムス氏の『詩百篇』および予言に関するボーヌのド・シャヴィニー殿による注釈…』　64
社会党　59,60
シャルル9世　29,34
シュヴィヨ, ピエール　48
宗教戦争　29,38,68
終末論　36,38,60,70,93
小惑星　71,72,73
食　38,61→日食をも見よ
ショマラ, ミシェル　74,75,93,140-143
神秘主義　51,54,73,84
新プラトン主義　103,105,106
人文主義　16,102-107
スカリゲル, ユリウス・カエサル　19,104,106
ゼヴァコ, ミシェル　54,55,57
『ノストラダムス』　57
「セザールへの手紙」　41,61,111-114
占星術　29,31,33,34,35,41,43,48,49,50,54,55,57,58,59,71,72,84,87,88,89,90,91,94,95,96
千年王国　89
ソレイユ, ジェルメーヌ　58,59

た

第2次世界大戦　58,84,91
竹本忠雄　92
タラド, ギー　133
チャールズ1世　84
天体　20,21,22,23,27,29,33,35,38,46,50,71,90
ディアーヌ・ド・ポワチエ　28
「ディープインパクト」　72
テシエ, エリザベート　94,95
デュボン未亡人　48
『歴史暦』　48
デュメジル, ジョルジュ

INDEX

『……灰色を着たヴァレンヌの黒い修道士』 80,81,137
デュマ、アレクサンドル 54
『王妃マルゴ』 54
トゥッベ、ローレンツ 37,106,116-119
ドラ、ジャン 42,105
トルネ゠シャヴィニー、アンリ 68

な▼

NASA 71,72,73
ナチス 83,89,90,91
ナポレオン1世 66,67
ナポレオン3世 66,67
偽預言者 35,36
日食 94,95
ノストラダムス記念館 79
ノストラダムス研究会 72,73,75
ノデ、ガブリエル 50
ノートルダム、セザール・ド 15,28,41,61
ノートルダム、ピエール・ド 16

は▼

反キリスト 38
判断的占星術 21,50
反ユダヤ主義 89
ヒエログリフ 55
ヒトラー 85,87,88,90
『百科全書』 50
ファシスト 84,87
フィチーノ、マルシリオ 27,103,105,107
ブヴェリ、J 54
『科学と哲学の前での交霊術とアナーキズム』 54

フォンブリュヌ、ジャン゠シャルル・ド 45,58,59,60,61,74,75,84,91,92,95,131-133
『ノストラダムス——歴史そして予言者』 59,61,131-133
フォンブリュヌ、マクス・ド 59,84,85,88
『ミシェル・ノストラダムス師の予言』 88
普仏戦争 67
フラマリオン、カミーユ 69,70,71,72
『世界の終わり』 69,71
フランコ 85,87
フランス革命 65,77
フランソワ1世 16
ブランダムール、ピエール 24,42,43,74,125-126
『初期詩百篇すなわち「予言集」』 74
プラトン哲学 22,29
プリヴァ゠モーリス 84,88
プレイヤード派 39,105
ブレーガマン、スティーブン 71
ブロス、マリー゠テレーズ・ド 92,134
プロテスタント 36,38
フロベール 51
『ブーヴァールとペキュシェ』 51
フロントナック、ロジェ 63
『ノストラダムスの秘密の手がかり』 63
フロンドの乱 46,47
ベアール、ピエール 28,75
ヘス、ルドルフ 91
ペスト 19,38,49,109-111
ペラダン、ジョゼファン 54
ベレー、ジョアシャン・デュ 42,68

『フランス語の擁護と顕揚』 42
『ホラポロ、オシリスの息子、ナイルのエジプト王』 55

ま▼

マザラン、ジュール 46,47
魔術 46,49,54,55
マセ・ボノム 24
巫女 27
『ミシェル・ノストラダムス氏の予言集』→『予言集』を見よ
『ミシェル・ド・ノストラダムスの迷妄、無知、人騒がせの認定宣言』 35
ミッテラン 56
ムッソリーニ 84,85,87
メスマー 51
黙示録 37,38,73,83,92,96
モンゴメリー、ガブリエル・ド 28
モンペリエ大学 17,18,66
モンリュック、ブレーズ・ド 36

や▼

唯物論 51,54
ユダヤ人 16,18
ユタン、セルジュ 74
ユニオン・ラショナリスト（合理論者協会） 58,59
『予言集』 15-17,23-27,34-35,38-39,41-42,45,46-48,50-51,54,58,61,63-65,68-69,71,73-75,80,81,83-85,87-89,91-92,94,95-99
『予言と絵が入った1841年用の有益な暦』 49
『予兆』（プレザージュ） 21,22,23,36,108-109

ら▼

ラバンヌ、パコ 95
ラブレー、フランソワ 16,17,21,22,27,35
ランクル、ピエール・ド 46
ランジュヴァン、ポール 58
リトレ、エミール 54
『フランス語辞典』 54
リュイール、E 88
リュゾ、ダニエル 73,93
『黙示録の最後の日々』 73
ルイ14世 47,65
ルーサ、リシャール 43
『時代の状態と変化の書』 43
ルネサンス 16,17,20,22,23,27,55,68,79,80,84
ル・ペルティエ、アナトール 66
ル・ルー、ジャン 64,65,66
レトワール、ピエール・ド 98
錬金術 20
ロジェ、アンリ 55
ローゼンベルガー、ハンス 116,117,118,119-121
ロミエ、アントワーヌ 17
ロンサール、ピエール 28,39,42,105,106

わ▼

惑星時計 22

145

出典（図版）

【口絵】

5●ノストラダムスの肖像画，『ミシェル・ノストラダムス師の本物の四行詩の解明』より，1656年，アルボー美術館，エクス＝アン＝プロヴァンス。

5●『ミシェル・ノストラダムス師の予言集』『詩百編』第9巻20番から23番の四行詩が書かれたページ，リヨン，ジャン・ヴィレ刊，1697年，個人蔵。

6●『詩百編』第1巻34番から40番，同上。

7●ノストラダムスの肖像画，版画，17世紀，フランス国立図書館，パリ。

7●『詩百編』第1巻18番から20番までの四行詩，『ミシェル・ド・ノストラダムス氏の予言集』より，マセ・ボノムによる出版，リヨン，1555年，公立図書館，アルビ。

8●「医師・占星術師ノストラダムス」，ビュラン彫り版画，18世紀，フランス国立図書館，パリ。

8●『詩百編』第1巻75番から77番までの四行詩，『ミシェル・ド・ノストラダムス氏の予言集』より，マセ・ボノムによる出版，リヨン，1555年，公立図書館，アルビ。

9●『ミシェル・ノストラダムス師の予言集』『詩百編』第1巻41番から42番の四行詩が書かれたページ，リヨン，ジャン・ヴィレ刊，1697年，個人蔵。

10●『ミシェル・ノストラダムス師の予言集』「詩百編」第2巻97番から100番までの四行詩が書かれたページ。

11●「58歳のノストラダムス」，ピエール・ヴォエリオ・ド・ブゼによる版画，1562年，フランス国立図書館，パリ。

11●「詩百編」第2巻99番から100番までの四行詩，『ミシェル・ド・ノストラダムス氏の予言集』より，マセ・ボノムによる出版，リヨン，1555年，公立図書館，アルビ。

13●『ミシェル・ノストラダムス師の予言集』，リヨン，ジャン・ヴィレ刊，1697年，個人蔵。

【第1章】

14●息子セザール・ド・ノートルダムによる「ノストラダムスの肖像画」，サロン＝ド＝プロヴァンス，町役場，結婚の間。

15●装飾挿画が描かれた『ミシェル・ノストラダムス氏の予言集』の『詩百編集』第8, 9, 10巻，ブノワ・リゴーによる出版，1568年，アルボー美術館，エクス＝アン＝プロヴァンス。

16●「文字あるいは神の字」，ネッテスハイムのアグリッパ（1486〜1535年）著『神秘哲学について』より，個人蔵。

17●1529年10月23日にモンペリエ大学医学部の登録簿に記載された，ノストラダムス（ミカレトゥス・デ・ノストラドミナ）自筆の入学証（部分），モンペリエ大学医学部。

18●モンペリエ大学医学部の解剖の授業，ギー・ド・ショーリャック著『大外科学』（1363年）の写本画，アジェ博物館，モンペリエ医学部図書館。

19●ノストラダムス著『化粧品とジャム論』，A・ヴォランによる出版，リヨン，1555年，フランス国立図書館，パリ。

20●フランソワ・ラブレー（1483〜1553年）による『高貴な都市リヨンの子午線に基づいて計算された1541年の暦』，フランス国立図書館，パリ。

20〜21●獣帯に対応する人体，写本画，1480年頃，大英図書館，ロンドン。

21●ノストラダムスの「予兆」，リヨンでの1568年版，フランス国立図書館，パリ。

22●オロンス・フィーヌ（1494〜1555年）作，1520年に完成した惑星時計，彩色した木製，サント＝ジュヌヴィエーヴ図書館，パリ。

23●星座に囲まれた黄道十二宮，ボローニャの間の天井画，16世紀，ヴァチカン，ローマ。

24●「詩百編」第1巻1番と2番の四行詩，『ミシェル・ノストラダムス氏の予言集』より，マセ・ボノムによる出版，リヨン，1555年，公立図書館，アルビ。

25上●『ミシェル・ノストラダムス氏の予言集』の扉，マセ・ボノムによる出版，リヨン，1555年，初版，公立図書館，アルビ。

25下●『ミシェル・ノストラダムス師の予言集』，リヨン，ジャン・ヴィレ刊，1697年，個人蔵。

26●予言を記すノストラダムス，ドーデの版画，アルボー美術館，エクス＝アン＝プロヴァンス。

27●アントワーヌ・カロン（1521〜1599年）作「ティブルの巫女」，油彩，ルーヴル美術館，パリ。

28●●不可解な言葉が刻まれたカトリーヌ・ド・メディシスの魔除けのメダルの表と裏，青銅，16世紀，フランス国立図書館，パリ。

29●カトリーヌ・ド・メディシスがお抱えの占星術師とともに，魔法の鏡の中に，未来のフランス王の魂を呼び出している。版画，1710年，フランス国立図書館，パリ。

30〜31●カトリーヌ・ド・メディシスとノストラダムス，淡彩画，インク。フランス国立図書館，パリ。

32〜33●フランソワ＝マリユス・グラネ（1775〜1849年）作「助言を与えるノストラダムス」，油彩，1846年，グラネ美術館，エクス＝アン＝プロヴァンス。

34●ヤン・ウィーリックス作「人生のさまざまな年代」，かつては「ノストラダムスに相談するアンリ2世とカトリーヌ・ド・メディシス」という題名がつけられていた，版画，1577年，フランス国立図書館，パリ。

35●『ミシェル・ド・ノストラダムス氏の予言集』の扉，リヨン，1568年（実際に印刷されたのは1649年），フランス国立図書館，パリ。

36●エルキュール・ル・フランセ（筆名）著『ラテン語から翻訳された，エルキュール・ル・フランセ氏によるモンストラダムスに対する最初の罵詈』，シモン・カルヴァラン印刷所，1558年。ミシェル・ショマラ・コレクション，リヨン市立図書館。

37●アントワーヌ・カロン作「第2次三頭政治下の大虐殺」，油彩，1566年，ルーヴル美術館，パリ。

38●ノストラダムスの文章と火の矢を吐く三日月が描かれた木版画を含む1554年の瓦版。ヨアヒム・ヘラリ氏によってフランス語から翻訳され，ニュルンベルクで印刷，チューリヒ中央図書館。

39上●『ミシェル・ド・ノ

出典（図版）

ストラダムス氏の予言集』の「詩百編」第3章21番の四行詩、マセ・ボノムによる印刷、リヨン、1555年。公立図書館、アルビ。

39下● 「修道士の姿をした海の怪物」、ピエール・ブロン（1517～1564年）著『魚の性質と多様性、できるだけ正確に描かれた挿絵付き』、C. エティエンヌ刊、パリ、1555年。フランス国立図書館、パリ。

40● セザール・ド・ノートルダム作「ノストラダムスの肖像」、銅版画に油彩色（175×140mm）。メジャーヌ図書館、エクス＝アン＝プロヴァンス。

41● 「セザール・ド・ノートルダムの自画像」、銅版画に油彩色（175×140mm）。メジャーヌ図書館、エクス＝アン＝プロヴァンス。

40～41 [背景] ●署名が入ったノストラダムスの遺言書の抜粋、1566年6月17日にサロン＝ド＝プロヴァンスの自宅で、町の公証人ジョゼフ・ロシュによって作成された。ブーシュ＝デュ＝ローヌ県立古文書館、マルセーユ。

42～43● 四行詩一左上、第3巻12番。左下、第1巻55番。右上、第3巻63番。右下第2巻81番。『ミシェル・ノストラダムス氏の予言集』からの抜粋、マセ・ボノムによる出版、リヨン、1555年、公立図書館、アルビ。

【第2章】

44● 「著名な占星術師、かのノストラダムスの傑出した真の肖像」、エピナル版画、彩色された銅版画、パリ、ジャン刊、19世紀。フランス国立図書館、パリ。

45● ジャン＝シャルル・ド・フォンブリュヌ著『ノストラダムス2』、アン・アウル・ブック、ヘンリー・ホールト・アンド・カンパニー、ニューヨーク、1987年。ミシェル・ショマラ・コレクション、リヨン市立図書館。

46● 『ジュール・マザランのホロスコープ』(扉とマザランのホロスコープのモンタージュ)、パリ、1649年。フランス国立図書館、パリ。

47上● 「詩百篇」第7巻45番の手書きによる四行詩で、フロンドの乱に際して1649年版『予言集』に基づいて加筆されたものである。これは、『ミシェル・ノストラダムス師の真実の詩百編および予言集。ここにはフランス、スペイン、イタリア、ドイツ、イギリスや世界のほかの地域で起こったあらゆることが表されている』(ライデンにて印刷、ピエール・レファン刊、1650年) に書き込まれている。ミシェル・ショマラ・コレクション、リヨン市立図書館。

47下● ジュール・マザランの肖像画、J. ピュジェ・ド・ラ・セール（1600～1665年）著『今世紀の著名な人物への賛辞』より、1665年。マザラン図書館、パリ。

48上● 『ミシェル・ノストラダムス氏の予言集』、トロワ、ピエール・シュヴィロによる出版、17世紀。アルスナル図書館、パリ。

48左下● 『ノストラダムスの暦、アンボワーズ』、J. ルジエ、木版画、1715年。装飾芸術図書館、パリ。

48右下● 『西暦1661年用の暦からの抜粋』、トロワ、ガブリエル・ローフロー出版。アルスナル図書館、パリ。

49● 書籍の行商人、作者不明『パリの呼び声』の彩色された木版画、16世紀。アルスナル図書館、パリ。

50● ボナール作「占星術師の服装」、版画、17世紀末。フランス国立図書館、パリ。

51上● アントワーヌ・デュ＝デュランジェル（1828～1891年頃）作 ジャン＝ドミニク・カシニ（1625～1712年）の肖像画、油彩、1879年。天文台図書館、パリ。

51下● 「占い師、魔法使い、毒薬使い、毒薬の販売に関して、1682年7月にヴェルサイユで発令された王令」からの抜粋、王専属の印刷業者。大衆芸術・民俗博物館、パリ。

52● セラフィーノ・マッキアティ（1860～1916年）作「幻視者」、油彩、1904年。オルセー美術館、パリ。

53● 霊媒と亡霊、あるアルバムの撮影者不明の写真、20世紀初頭。オルセー美術館、パリ。

54● アレクサンドル・セオン（1895～1917年）作「ル・シャー・ジョゼファン・ペラダン」、油彩1892年。リヨン美術館。

55上● 「著名な天文学者ノストラダムスの肖像」、彩色された木版画、19世紀、エピナルの印刷業者・書籍販売業者ペルラン。アルビーユ美術館、サン＝レミ＝ド＝プロヴァンス。

55下● 「1856年用の占星術に基づいた暦」、アンリ・エのカラー・リトグラフ。装飾芸術図書館、パリ。

56● ジュール・ド・グランプレ著『未来を予言する術』の中の挿絵、ファヤール社、パリ、1880年頃。

57● ミシェル・ゼヴァコ著『ノストラダムス』、「大衆書」叢書、ジノ・スタラス（1859～1950年）による挿絵、20世紀初頭、ファヤール社、パリ。

58● ユニオン・ラショナリストによって出版された月刊誌「カイエ・ラショナリスト」(182号、1959年10月～11月、パリ）の表紙、ゴヤの版画「理性の眠りは怪物を生み出す」。

59上● R. アンベール＝ネルガル著『オカルト科学は科学にあらず』、ジャン・ロスタンによる序文、ユニオン・ラショナリスト出版、パリ、1959年。

59下● Europe1のスタジオで放送中のマダム・ソレイユ、1971年2月10日。

60上● フランス社会党のシンボルマーク

60中● 「パリ＝マッチ」1677号 (1981年7月17日) に掲載されたジャン＝シャルル・ド・フォンブリュヌとマリ＝テレーズ・ド・ブロスの対談の表紙。

60下● 自著『ノストラダムス一歴史家そして予言者』（ロシェ出版）を紹介するジャン＝シャルル・ド・フォンブリュヌ、1982年2月9日。

【第3章】

62● ロジェ・フロントナック著『ノストラダムスの秘密の手がかり』の表紙に描かれたE. モランの絵、ドノエル出版、パリ、1950年。

63● ギュスターヴ・ドレ（1832～1883年）作「謎」、油彩、1871年。オルセー美術館、パリ。

64● ジャン＝エメ・ド・シャヴィニー著『故ミシェル・ド・ノストラダムス氏の『詩百編』および予言に関するボーヌのド・シャヴィニー殿による注釈…』、アントワーヌ・デュ・ブルイユ刊、パリ、1596年。ミシェル・ショマラ・コレクション、リヨン市立図書館。

出典（図版）

65上●トマ・ウィク（1616頃～1677年）作「書斎の哲学者」，油彩，板，ボナ美術館，バイヨンヌ。

65下●ジャン・ル・ルー著『ノストラダムスの手がかり…』，P・ジファール刊，パリ，1710年。フランス国立図書館，パリ。

66左●『共和派の魔術師あるいは1794年にヨーロッパが舞台となるであろう出来事に関する神託の暦』の抜粋，パリ，共和暦2年～1794年。フランス国立図書館，パリ。

66右●『閏年1792年用の王党派の暦あるいはノストラダムスによって予言された反革命』，1792年頃。フランス国立図書館，パリ。

67上●ジョアネ・トリスメジスト（ロランベールの筆名）著『ノストラダムスの予言と『詩百篇集』，あるいは過去，現在，未来に世界で起こった，そして起こるであろう注目すべきこと』，L・バサール刊，パリ，1857年頃。ミシェル・ショマラ・コレクション，リヨン市立図書館。

67中●ギヨーム＝アルフォンス・アラン，通称カバソン（1814～1884年）作「ナポレオン3世の神格化」，準備デッサンの部分，油彩，1854年，65×81cm。コンピエーニュ城国立美術館。

67下●「偉人の甥。ミシェル・ノストラダムスによる1850年用の暦」の扉，青本叢書，1850年頃，メディアテーク，トロワ。

68●アンリ・トルネ＝シャヴィニー著『ノストラダムスは，フランス全史や教会史や外国人の大事件を含む，予言され，裁かれた歴史を書く」に収録された版画，トルネ＝シャヴィニー神父と予言された60人の人物に取り囲まれたノストラダムス，19世紀。アルボー美術館，エクス＝アン＝プロヴァンス。

69●「1847年用の偉大なるミシェル・ノストラダムスによる予言付き歴史暦』，版画，1847年頃。カルナヴァレ博物館，パリ。

70～71●カミーユ・フラマリオン著『世界の終わり』の版画「世界の至高の死神」，フラマリオン書籍販売・出版社，パリ，1894年。

70，71●カミーユ・フラマリオン著『世界の終わり』の版画「悲惨な人類は寒さで滅びるであろう」。

72●小惑星の地球への衝突，科学的な映像。

73●大きな被害を受けるパリ，マイケル・ベイ監督のアメリカ映画「アルマゲドン」，1998年。

74上●ノストラダムス著『初期詩百篇集すなわち「予言集」，ピエール・ブランダムールによる校訂と注釈，ドローズ書店，ジュネーヴ，1996年。

74下●「カイエ・ミシエル・ノストラダムス」，1985年2月，個人蔵。

75上●「危機の時代のための予言。時代に沿ったノストラダムスの解釈（ミシェル・ショマラ・コレクション）」展のポスター，リヨン市立図書館，1997年11月4日～3月22日，グラフィック・アート「テール・ド・シエーヌ」。

75下●「危機の時代のための予言」ヴァーチャル展のサイトのトップページ，www.bm-lyon.fr/expo/nostradamus/，リヨン図書館によるデザイン。

76●ジョゼフ・レー制作のサロン＝ド＝プロヴァンスに立つノストラダムスの彫像，1900年代。

76～77●サン＝レミ＝ド＝プロヴァンスのカルノ通りとノストラダムス通りの角にあるノストラダムスの泉，中央にはアンブロワーズ・リオタール制作のノストラダムスの胸像（1859年），絵葉書，20世紀初頭。

77●除幕式を行った際のノストラダムスの胸像，1999年6月29日，サロン＝ド＝プロヴァンス，フランソワ・ブーシェが1964年に制作した作品の修復。

78～79●『予言集』を執筆するノストラダムス，蝋人形，「ノストラダムス記念館」，サロン＝ド＝プロヴァンス。

79上●「ノストラダムス記念館」の金属プレート，サロン＝ド＝プロヴァンス，ベレの版画，1993年。

80上●ヴァレンヌでのルイ16世の逮捕，版画，19世紀。

80下●ジョルジュ・デュメジル著『…灰色を着たヴァレンヌの黒い修道士』，ガリマール書店，パリ，1984年。

81●ジョルジュ・デュメジル，1986年パリでの写真。

【第4章】

82●コンスタンチン・フョードロヴィチ・ユオン（1875～1958年）作「新惑星」（部分），油彩，1921年。トレチャコフ美術館，モスクワ。

83●クルト・アルガイヤー著，淡路瑛訳『1987年悪魔のシナリオ 世界大戦を予告する』，光文社，東京，1985年。ミシェル・ショマラ・コレクション，リヨン市立図書館。

84●イギリス王チャールズ1世の処刑とロンドンの大火災，『ミシェル・ノストラダムス師の本物の詩百編集と予言集』，ヤン・ヤンソン，アムステルダム，1668年。フランス国立図書館，パリ。

85上●ローマにあったファシスト連合の本拠地の外壁に飾られたムッソリーニの仮面とそれを取り囲む「SI（英語のYESに相当する）」の文字。

85上●クリスティアン・ヴェルナー著『ノストラダムスの神秘』，エストラ＝フェラルク・H・ティム，ライプツィヒとドレスデン，1926年。ミシェル・ショマラ・コレクション，リヨン市立図書館。

86～87上1●A・ドゥマール＝ラトゥール著『1914～19…？？ フランスの近未来に関する予言』，パリ，プラティク・エ・ドキュマンテール出版，1914年頃。ミシェル・ショマラ・コレクション，リヨン市立図書館。

86～87上2●J＝H・ラヴェール著『複数の有名で明確な予言が一致して予告しているドイツ帝国の終焉はいまやどのように実現するのか』，パリ，プラティク・エ・ドキュマンテール出版，1914年頃。ミシェル・ショマラ・コレクション，リヨン市立図書館。

86～87上3●ルネ・ダルマン著『ドイツの終焉に関する予言』，エディション＆リブレリ，パリ，1914年頃。ミシェル・ショマラ・コレクション，リヨン市立図書館。

86～87上4●P・ロシュタイエ著『ノストラダムスの予言。詩百編集の手がかり。その第3共和国の歴史への適用』，アディヤール出版，パリ，1939年。ミシェル・ショマラ・コレクション，リヨン市立図書館。

出典（図版）

86〜87上5●『ル・グラン・ノストラダムス。推術に基づく学問とユマニスムの挿絵入り月刊誌』，モーリス・プリヴァ主幹，エディション・ド・ランスティチュ・ノストラダムス，パリ，1934年5月。ミシェル・ショマラ・コレクション，リヨン市立図書館。

86〜87下1●「イギリス帝国の消失」，『ノストラダムス推測に基づく学問誌 政治と社会と金融の国際的未来』の第11号，1933年6月24日，パリ。

86〜87下2●「アンドレ・タルデューは今年の秋に出現するであろう独裁政権の首相となるか？」，同上，第5号，1933年3月10日。

86〜87下3●「パリの消滅」，同上，第12号，1933年7月1日。

86〜87下4●「われわれの「総統」は誰になるのか，それは…」，同上，第10号，1933年6月17日。

86〜87下5●エミール・リュイール（ルーヴィエの筆名）著『1938年から1947年までの，「ノストラダムス」の予言に基づいた大虐殺，ヨーロッパを荒廃させる戦争や革命』，メディシス出版，1938年。

88中●マクス・ド・フォンブリュヌ博士著『ミシェル・ノストラダムス師の予言』，ミシュレ出版社，サルラ，1946年。

88下●F・ド・シャティヨンの著作『ミシェル・ノストラダムス氏の予言』の帯，M・ギニャール印刷所，オータン，1940年。ミシェル・ショマラ・コレクション，リヨン市立図書館。

89●ベルリンのスポーツ会館で演説するゲッベルス，おそらくヒトラー政権奪取10周年記念祭で，ドイツの生徒向けの60年代の版画。

90上●カール・エルンスト・クラフト，チューリヒの街頭にて，1932年，個人蔵。

90下●カール・エルンスト・クラフト著『いかにしてノストラダムスはヨーロッパの未来を予見したか？』，スネレウ出版，ブリュッセル，1941年。ミシェル・ショマラ・コレクション，リヨン市立図書館。

91●1940年8月2日にドイツ軍が投下したプロパガンダ用のビラを読むイギリスの防空体制担当者，ビラにはヒトラーがドイツ帝国議会で行った演説の英訳が書かれている。

92●自著を手にするヴライク・イオネスク，サロン＝ド＝プロヴァンスでの文化遺産の日に，1999年9月。

93左●オウム真理教による，東京の地下鉄でのサリンを使ったテロ，1995年3月20日。

93右●麻原彰晃著『ノストラダムス秘密の大予言。1999年の謎』，オウム出版，東京，1991年。ミシェル・ショマラ・コレクション，リヨン市立図書館。

94●バンガロールの書店でノストラダムスの『予言集』を調べるインド人，2001年9月18日。

95上●皆既日食，1999年8月11日。

95下●「占い師サブリナ」，自動人形。大衆芸術・民俗博物館，パリ。

97●世界貿易センタービルへのテロの際に灰に覆われた人々，2001年9月11日，ニューヨーク。

98●ジョン・ホウグ編『21世紀へのノストラダムスの本質』，2002年9月，エディションズ・クリサリス・ブックス，ロンドン。

99●9・11テロとノストラダムスを結び付けているインターネット上のサイトのトップページ

100●ミアミ・グループの壁画，サロン＝ド＝プロヴァンス町の中央にあるサンチュリー広場，1998年。

【資料篇】

101●『1848年用の有用で挿絵のついた予言暦』の表紙，1848年頃，フランス国立図書館。

104●ユリウス・カエサル・スカリゲル。デオドール・ド・ベース『著名人の真の肖像』，パリ，1581年

108●ノストラダムス「1561年用の暦」。

125●ノストラダムス「ボラポロ，オシリスの息子，ナイルのエジプト王」，手稿，フランス国立図書館。

130●『1871年用の有用で挿絵のついた予言暦』の中の「帝国の崩壊を告げる予言」，1871年頃，フランス国立図書館，パリ。

参考文献

1）ノストラダムスの著作

ピエール・ブランダムール校訂『ノストラダムス　予言集』高田勇・伊藤進編訳，岩波書店，1999年

（膨大なノストラダムスの予言集の抄訳であるが，もっとも厳密な訳が施されているだけでなく，訳者による詳細な註釈をも備えた，現在望みうる最良版）

クヌート・ベーザー編『ノストラダムスの万能薬』明石三世訳，八坂書房，1999年

（これはノストラダムスの『化粧品とジャム論』のドイツ語訳版を英語訳から重訳したもので，ノストラダムスの原著からはかなり隔たった内容となっている）

2）関連文献

樺山紘一・高田勇・村上陽一郎編『ノストラダムスとルネサンス』，岩波書店，2000年
（ノストラダムスを16世紀ヨーロッパの文化的・思想的文脈から捉えなおそうとする意欲的な13編の論考を収める）

竹下節子著『ノストラダムスの生涯』，朝日新聞社，1998年
（予言者の生涯を綿密に跡づけようとする，その先駆的な紹介としては評価しなければならないが，いくつかの点で注意して読む必要がある）

ジョルジュ・ミノワ著『未来の歴史―古代の預言から未来研究まで』菅野賢治・平野隆文訳，筑摩書房，2000年
（予言の行為を通時的に概観した大著だが，出来事の羅列に終始する傾向があるのは否めない）

ピーター・ラメジャラー著『ノストラダムス百科全書』田口孝夫・目羅公和訳，東洋書林，1998年

ピーター・ラメジャラー著『ノストラダムス予言全書』田口孝夫・目羅公和訳，東洋書林，1998年
（一巻本の原著を二分冊にして翻訳したもの。「ノストラダムス研究書」と銘打ちながら内容的に信頼がおけない翻訳本が多いなかで，比較的参照に堪える）

渡辺一夫著『フランス・ルネサンスの人々』，岩波書店（岩波文庫），1992年
（とくに「ある占星師の話――ミシェル・ド・ノートルダム（ノストラダムス）の場合」の章を参照。もとは1947年に執筆されただけにいささか古めかしいとの感は免れがたいが，わが国のフランス・ルネサンス文学研究の先達による記念すべきエッセー）

CRÉDITS PHOTOGRAPHIQUES

AFP/Franck Fife, Paris 95h. AFP/Indranil Mukherjee 94. Agence Martienne/Yves Bosson, Marseille 5,5 fond,6,9,10,11,14,15,17,25h,25b,26,27,38,40,41,40-41 fond, 55h,69,76-77,80h,87bd. 88m,92,100,128b.AKG. Paris 89. Bibliothèque Municipale, Lyon 75b. Bibliothèque Municipale. Lyon/Sylvie Bcauchière 36,45,47h/h,64,67h,83,85h,86-87h/2,86-87h/3.86-87h/4,86-87h/5,88b,90b,93d. Bibliothèque Alazarine, Paris 47b. Bibliothèque nationale de France, Paris dos, 7fond, 8 fond. 11 fond, 19,20,21,28,30-31,35,39b,44,48h,48bd,49,50,65b,66g,66d,84, 101,127,124,Brideman, Paris 78. Bridgeman/Charmet 48bg. 55b.69. Bridgeman-Giraudon 18, 22,34,63. British Library. Lonclres 20-21. Coll. part, 57,90h. Ciel et Espace/S. Numazawa-APB, Paris 72. Corbis/Stéphane Huet, Paris 86-87b/1/2/2/4. Chrysalis Books, Londres 98. Despatin/Gobeli, Paris 81. Éditions Denoel/D.R., Paris 62. D.R.73,123. Editions Droz, Genève 74h. Ektagonal, Salon-de-Provence 78-79. Archives Gallimard, Paris 7,8,11,16,24,39h, 42-43. Éditins Gallimard, Paris 80b. Éditions Gallimard/Jacques Sassier 128. Getty 1mages/Hulton Archive, Paris 91. Keystone, Paris 59b. 60b. Kharbine-Tapabor, Paris 56g. 70-71. Musée Granet/Bernard Terlay. Aix-en-Provence 32-33. Musée Nostradamus, Salon-de-Provence 79h. Observatoire de Paris 51h. Rapho, Paris 76. RMN, Paris 51b,67m,95b. RMN/Danel Arnaudel 27,37. RMN/C. Jean 52. RMN/H. Lewandowski 53. RMN/R. G. Ojeda, 65h. Roger-Violler, Paris 85b. Collection Viloller 29. Scala, Florence 23. Sipa/Shimbu, Paris 93g. Sipa-AP/Gulnara Samoilova 97. Studio Baset, Lyon 54. Unin Rationalistr, Paris 58. 59h.
© A dagp, Paris 2003, 1er plat fond. 82.

［著者］**エルヴェ・ドレヴィヨン**

歴史科上級教員資格者，歴史学博士。パリ第1パンテオン＝ソルボンヌ大学助教授。著書『未来を読み，書くこと―ルイ14世時代のフランスにおける占星術』（1996年），『フランス文化史（16〜18世紀）』（2002年），『剣を交える。近世フランスにおける暴力と剣の文化（16世紀〜18世紀）』（パスカル・ブリワ，ピエール・セルナとの共著，2002年）

［著者］**ピエール・ラグランジュ**

科学社会学者。パリ高等鉱山学校のイノベーション社会学センター研究員を経て，現在は文化制度に関する人類学・歴史学研究所（フランス国立科学研究センター（CNRS））の準研究員。専門は「超科学」をめぐる論争の研究で，このようなテーマに科学社会史の手法を適用してきた。数冊の本，さらにアカデミックな雑誌および一般出版物に数多くの論文を執筆してきた。

［監修者］**伊藤 進**（い とうすすむ）

1949年生まれ。名古屋大学大学院修士課程修了。現在，中京大学教養部教授。フランス・ルネサンス文学，思想専攻。主要著書に，『怪物のルネサンス』（河出書房新社），『森と悪魔―中世・ルネサンスの闇の系譜学』（岩波書店），訳書に，『プレイヤード派の詩人たち』（共訳，水白社），『ノストラダムス 予言集』（共訳，岩波書店）などがある。

［訳者］**後藤 淳一**（ごとうじゅんいち）

1964年生まれ。中央大学文学研究科博士課程前期修了。仏文翻訳者。訳書に『ヨーロッパ未来の選択』（原書房），『ジャック・アタリの核という幻想』（原書房），『ローマ教皇』，『錬金術』，『レオナルド・ダ・ヴィンチ』，『巨石文明の謎』，『パレスチナ』，『チベット』（本シリーズ 64，72，79，91，103，112），『自分らしさとわがままの境で』（草思社）がある。

「知の再発見」双書118　ノストラダムス――予言の真実

2004年9月20日第1版第1刷発行

著者	エルヴェ・ドレヴィヨン，ピエール・ラグランジュ
監修者	伊藤 進
訳者	後藤淳一
発行者	矢部敬一
発行所	株式会社 創元社 本　社❖大阪市中央区淡路町4-3-6　TEL(06)6231-9010(代) 　　　　　　　　　　　　　　　　FAX(06)6233-3111 URL❖http://www.sogensha.co.jp/ 東京支店❖東京都新宿区神楽坂4-3煉瓦塔ビルTEL(03)3269-1051(代)
造本装幀	戸田ツトム
印刷所	図書印刷株式会社

落丁・乱丁はお取替えいたします。

©2004 Printed in Japan ISBN4-422-21178-1

●好評既刊●
B6変型判/本体
カラー図版約200点

錬金術 おおいなる神秘

アンドレーア・アロマティコ［著］　種村季弘［監修］

近代以前，科学と魔術が一体となっていた時代に，実験室に身を潜めた錬金術師たちは，永遠の生命，黄金の錬成，不老不死の丹薬を求めた。東洋・中東にも題材を求め，現在も人を引きつける難解な象徴哲学をさまざまな角度から検証する。（「知の再発見双書」72）

魔女狩り

ジャン−ミシェル・サルマン［著］　池上修一［監修］

近世の農村社会の変容は共同体を崩壊させ，危機意識にとらえられた人々は，かつては慈善の対象だった貧しい女性たちに不安のはけ口を求めた。おぞましいイメージの奔流のなかから，時代に生きる人々の希望と絶望を読み解く。（「知の再発見双書」16）

アーサー王伝説

アンヌ・ベルトゥロ［著］　松村剛［監修］

カール大帝の子孫を自認するフランスのカペー朝に対抗して，イギリスのプランタジネット朝は「善王アーサーと円卓の騎士伝説」を作り上げていく。王権の権威付けという実用的な目的から作られた伝説は実に思いがけない発展を見せてゆく。（「知の再発見双書」71）

ヨーロッパの「歴史と伝説の狭間」を読み解く本